JN162751

「知・徳・体」を育む学校体育・スポーツの力

本村清人・著
Kiyoto Motomura

大修館書店

「知・徳・体」を育む
学校体育・スポーツの力

目次

序章 スポーツ庁の設置と学校体育・スポーツの発展……1

1 学校体育・スポーツへの危機感……4

(1) 必修たりうる授業がおこなわれているだろうか……4

(2) 生徒や教員にとって有意義な部活動になっているだろうか……6

2 スポーツ庁と学校体育・スポーツ……7

3 どうなる? 次期学習指導要領 ～改訂への動き～……9

4 コアとなれる学校体育・スポーツ……12

[コラム] 学習指導と生活指導は車の両輪か?……15

第1章 「体育」「スポーツ」の位置づけと学習指導要領……17

1 「体育」が上か、「スポーツ」が上か……19

2 「スポーツ科」と言わない理由……22

3 「スポーツ」は体育授業の教材である……25
［コラム］「体ほぐしの運動」は「心と体を一体としてとらえ」る運動である……27
4 学習指導要領を確認しよう……28
(1)法的根拠は何か……28
(2)改訂はこうしておこなわれる……30
5 学習指導要領の趣旨や改訂の経緯をもっと知る……33
(1)改訂の経緯をめぐる誤解……33
(2)内容の取り扱いをめぐる考え方……40
［コラム］円周率は3と教える？……41
［コラム］「学習指導要領指導書」が「学習指導要領解説」に改称……49

第2章 教育理念「生きる力」と学校体育・スポーツ……51

1 「生きる力」の重要性……53
(1)「生きる力」とは何か……53
(2)「知・徳・体」を再認識 ～中教審の論点～……54
2 「生きる力」と教育基本法等との関わり……56

3 「自ら学ぶ意欲」と「主体的に学習に取り組む態度」……61
4 「生きる力」を育むうえできわめて有効な教科、それは体育である……63
5 「生きる力」の育成に関わる構造……65
6 「知・徳・体」一体のものとして総合的に捉えた教育を……68

第3章 「知・徳・体」を育む指導の要……71

1 教科の目標を構造的に理解する……73
(1)体育の目標はこう変わってきた……73
(2)目標の長い一文には意味がある……75
2 運動やスポーツの特性を柔軟に捉えて授業づくりを考える……78
(1)これまでの授業づくり……78
(2)授業づくりの2つの視点……79
3 「体力の向上」から気力・知力の充実に取り組む……85
4 動機づけによって児童生徒の自主性を育てる……89
5 授業づくりと評価を一体的に進める……91
(1)授業のPDCAサイクルを再確認……92

(2)評価規準は形だけ整えればよしとしていないか……94
(3)「指導と評価の計画」を教育委員会に提出することでよしとしてはいないか……95
[コラム]中教審答申にあった「身体能力」はどこに？……97

第4章 学校体育の現場を支える人材の重要性……99

1 出会いがもたらす貴重な経験……101
(1)高校教員として……101
(2)教育行政に携わって……105
(3)文部省教科調査官・体育官として……113
(4)教員養成大学の教官として……113

2 指導・助言、支援をしていく人をつくる……119
(1)教科調査官の位置づけこそが大事……119
(2)指導主事の力量は現場の人材育成、授業力向上に直結する……125
(3)中核となる教員を育てるということ……128

3 研究制度のいっそうの充実を……132
(1)研究指定校等の制度縮減の痛手……132

(2)できれば避けたい? 研究指定校……136
[コラム]公益財団法人 日本学校体育研究連合会(学体連)……138

第5章 教育活動の一環である運動部活動の意義……139

1 めざすは文武両道……141
(1)文武両道に励む生徒たちとの出会い……141
(2)悩みながらも続けることが大切……142
2 運動部活動廃止論 ~学校現場と行政の立場~……144
3 部活動の法的位置づけ……149
4 部活動の問題点に向き合う……152
5 部活動が学校を活性化させる……156
(1)「一番の思い出は部活動です」……156
(2)部活動が活発な学校は元気がいい……158
(3)学校の存在を広く知らしめる運動部活動……161
[コラム]監督・コーチは観覧席に……163

終章 学校体育・スポーツの力……165

1 学校体育・スポーツの力……167

(1)運動やスポーツの楽しさや喜びを享受させる力……167

(2)スポーツとのさまざまな関わりを体得させる力……170

(3)スポーツの文化的内容を伝える力……175

2 新しい教育課程で学校体育・スポーツの力を発揮させるために……179

(1)これからの教育の方向性を確かめる……179

(2)学校体育・スポーツの力を存分に発揮させよう……187

おもな参考文献……193

あとがき……194

おもに関わった委員会・協会等　おもな著書……198

著者紹介……199

序章 スポーツ庁の設置と学校体育・スポーツの発展

要旨

スポーツ庁が発足し、そのおもな所掌業務に「学校における体育及び保健教育の基準の設定に関する事務をつかさどる」と明記されたことで、これまでと変わらず学校体育の授業と運動部活動、いわゆる学校体育・スポーツの充実・発展を期すことができる。

しかしだからといって、安心してよいことにはならない。学校体育・スポーツの現状を見つめるとどうか、私は危機感をもっている。基本的な技能を身につけられない放任的な授業、集団規律を求めすぎた生活指導まがいの授業、いたましい事件すら引き起こしている運動部における体罰、教員の高齢化や若年化による力量・経験不足等々、学校体育・スポーツをめぐるさまざまな問題が指摘されているからである。

司令塔としてのスポーツ庁は、国際競技力向上に偏ることなく、その基礎づくりとしての学校体育・スポーツを強く支援しつつ導いていってほしい。現在、学習指導要領の改訂作業が急ピッチで進められている。また、「生きる力」に加えて「21世紀型能力」や「アクティブ・ラーニング」といった新しい考え方や指導法も強調されている。これらの考え方をどう理解し、学校現場としてどう対応していくか、これまで積み上げてきた実践的研究を生かしつつ、新たな見方・考え方を踏まえた学校体育・スポーツのあり方を考えていかなければならない。

２０１５年「スポーツ庁」が発足した。我が国のスポーツ界にとって大きな一歩である。

近年、メディア等では、国際競技スポーツに関する報道がきわめて多くなった。しかもそれは、競技に関する内容に留まることなく、競技者の生い立ちや経歴、人柄等にまで踏み込んだ報道となっている。中学生や高校生の全国大会等における奮闘ぶりに関する報道も大きくなってきた。２０２０年に活躍が期待される生徒たちにとっては、大きな励みとなっているはずだ。国民の期待の大きさがうかがわれる。それだけ国民の競技スポーツに対する興味・関心が高まっているということであろう。

また、地域スポーツに関する報道も、これまで以上に取り扱われ、その推進ぶりがよく知られるようになった。

しかし他方で、学校体育に対する期待値が小さくなっているような気がしてならない。生涯にわたってスポーツに親しみ、人生を健康で明るく豊かに過ごしていく実践力を身につけることや、自己の限界や可能性にチャレンジしていこうとする生徒たちの知識や技能を高めていくことができるのは学校体育・スポーツ（体育授業・運動部活動）である。生涯スポーツや競技スポーツ、障害者スポーツの基礎づくりは、学校における体育・スポーツにほかならない。にもかかわらず、学校体育・スポーツへの期待感が薄れているのはなぜだろうか。

私は、高校の保健体育教員を経て、文部省・文部科学省はじめ、いくつかの地方教育委員会で教育行政に携わってきた。さまざまな角度から学校教育および保健体育を見つめてきたことで、新たに感じることもある。そして、それぞれの教育現場で、認識しなければならない問題や課題が多数あることにも気づいた。

日本のスポーツは学校体育に根ざして充実・発展してきた。競技スポーツ、地域スポーツ、障害者スポーツのコアとなる学校体育・スポーツは、授業等のさらなる改善・充実に向けた取り組みをし、スポーツ界の発展にいっそうの貢献をしていかなければならない。

そのことを、今こそ伝えなくてはならない。時には辛口になるかもしれないが、現場で努力している保健体育の先生方への賞賛と激励であり、その一方で警鐘でもあるという思いで本書を記した。改めて、学校体育・スポーツの存在価値を確認するよい機会になれば幸甚である。

1 学校体育・スポーツへの危機感

(1) 必修たりうる授業がおこなわれているだろうか

現在教科体育・保健体育は、小学校入学から高校卒業まで、すべての児童生徒が履修する必修教科・科目として教育課程に位置づいている。その理由や背景、あるいは「徳育」「体育」は家庭や地域でおこなうとする論争等については後述するが、はたして現状は、必修たりうるだけの授業がすべての学校で展開されているだろうか。

例えば、小学校では基本的に1人の教員が全教科を担当することから、体育授業が苦手な教員や、一部のあまり動かない教員、体育座りで活動的ではない授業が見受けられる。中学校では、集団規律を求めすぎた生活指導まがいの授業がある一方で、基本的な動きや技能を身につけないままゲームを繰り返す授業、高校では、発達段階に応じた高い技能を身につけることなく、運動部員に指導を肩代わりさせるような、言わば放任的な授業やニュースポーツ中心の選択制授業などの実態が指摘されている。

また、年間計画や単元計画、評価計画が作成されていない、あるいは作成してはいるが、教育委員会に提出するだけで実践には生かされていない実態もあると聞く。卒業までを見通した年間計画の作成こそが重要であり、各運動領域・種目で目標とする子どもの学びの姿を描き、それに基づく各年次の単元計画を立て、その計画に即した評価規準を具体化する。こういった教育者としてすべき当然のことがなされていないのではないかと危惧している。

その背景には、授業づくりでリーダーシップをとれる中堅教員が少ないという、組織上の課題もあるかもしれない。また、行政による研究・研修制度の縮小が一因となっているのかもしれない。

近年、若手の教員の増加が著しい。若手の教員であっても、意欲的ですばらしい授業を提供している人がいる一方で、指導力に課題のある人もいる。このため、よい授業づくりの伝統が継承されていない状況も指摘されている。確かに、全国的な規模の研究大会や地方教育委員会（以下、地教委）主催の研究大会等でも、ベテランや中堅教員の公開授業が少なくなっている。若手の勉強のためにということから、公開授業を経験年数の少ない若い教員に担当させているケースがよく見られる。よい授業を参観しなければよい授業づくりはできない。真摯な研究協議がなければ発展は望めない。

また、国や地教委等による研究・研修制度の縮小は、若手教員の貴重な学びの場の減少をもたらす。他校や他校種の教員と交流しながら、長期間にわたって研究を積み重ねていかなければ、指導力向上は望めない。

魅力ある授業づくりで児童生徒の関心・意欲を高め、体力の向上を図っていく。すべての教員が、このあたり前のことをあたり前におこなうということが、今もっとも求められていると私は考えている。それがなされていないから、私は危機感を抱いているのである。

(2) 生徒や教員にとって有意義な部活動になっているだろうか

運動部活動についても、顧問のなり手が少なくなってきている。その一方では、指導者の勝利至上主義に陥った指導や、体罰がらみの指導も後を絶たず、訴訟問題にまで発展しているケースもある。

しかし、学校生活のなかでも、運動部活動を経験してきた仲間同士の卒業後のつながりは強い。厳しい練習のなかで、仲間とともに自己の可能性と限界に挑んだ汗と涙は、「嘘をつかない」つながりを生んでいるのだ。顧問教諭は、そのような環境をつくる支援をしていかなくてはならない。

技術指導だけが顧問の仕事ではない。力いっぱいスポーツに打ち込める環境をつくってやることこそが、顧問教諭としての務めである。そして、それはその気になれば、誰もができることなのである。部活動とは学校や指導者の名誉のためにあるのではなく、一人ひとりの部員のために存在しているのだ。

2 スポーツ庁と学校体育・スポーツ

さて、前述の通り、改正文部科学省設置法が可決、成立し、2015年10月1日、スポーツ行政の新たな司令塔「スポーツ庁」が発足した(注1)。2020(平成32)年の東京オリンピック・パラリンピックを成功裏に導くことを視野に入れつつ、国際競技力の向上、地域スポーツ・障害者スポーツの推進、そして学校体育・スポーツの充実等、スポーツ行政を総合的に推進するためである。スポーツ基本法(注2)の前文にある、スポーツを通じて「国民が生涯にわたり心身ともに健康で文化的な生活を営む」ことができる社会の実現をめざしている。

それにより、健康増進に資するスポーツ活動や障害者スポーツを所管する厚生労働省、スポーツ施設や道路等を整備する国土交通省、経済効果を目的にスポーツを推進する経済産業省、そのほか農林水産省、環境省、外務省にまたがるスポーツ行政を一元化して推進していくこととなった。スポーツ庁が中核となり、多様な施策を展開することが期待されている。

まず、スポーツ庁の組織構成とおもな所掌業務について、旧組織（文部科学省スポーツ・青少年局）と対比しながら見ていく（**図1**参照）。

スポーツ庁設置に伴い私がもっとも懸念していたのは、組織上、学校体育・運動部活動はどのような位置づけになるかということであった。結果として、図1にあるように、「政策課」のなかに学校体育・運動部活動を担当する「学校体育室」が位置づき、学習指導要領上の「体育及び保健教育の基準の設定に関する事務をつかさどる」ことになったので、安堵したところである。

私は従前から、国際競技力の向上、競技スポーツの充実・発展、地域スポーツの推進と、その基礎づくりとしての体育授業の改善・充実、運動部活動の充実・発展とは一体的に進めていく必要があるという認識がある。であるからこそ、スポーツ庁発足にあたって、競技スポーツと地域スポーツ、あるいは障害者スポーツのみが強調され、学校体育の所管が初等中等教育局となり、結果として学校体育が軽視されていくのではないかという危機意識があった。基礎づくりとしての学校体育・スポーツを軽視しては、日本のスポーツの充実・発展は成り立たないということを改めて強調したい。我が国においては、学校体育からスポーツが充実・発展をしてきた歴史と文化がある。それを生かさない手はない、もっと言えば、体育とスポーツは一体的に取り組まれなければならないというのが、私の基本的な考えである。

改正文部科学省設置法の第16条に、スポーツ庁は「学校における体育及び保健教育の基準の設定に関する事務をつかさどる」と明記されたことで、これまでと変わらず学校体育・スポーツの充実・発展を期すことができる。文部科学省初等中等教育局が一括してつかさどっている他教科と同じような扱いになったらという私の不安は杞憂に終わった。

新たなスポーツ庁という組織のなかで、他国からも注目されている我が国の体育カリキュラムと授業づくり、そして他国に例を見ない運動部活動、それぞれの充実・発展をめざして、行政と学校現場がいっそう協働して、その成果を高めていくよう努めていかなければならない。

3 どうなる? 次期学習指導要領 ～改訂への動き～

折しも学習指導要領改訂の動きが急である。2020(平成32)年の東京オリンピック・パラリンピック開催に時を同じくして、新しい学習指導要領の実施がめざされている。そのため、2014(平成26)年11月、中央教育審議会(以下、中教審)が立ち上がり、教育課程企画特別部会より2015年8月、論点整理が発表された。この論点整理は、「2030年の社会と、そして更にその先の豊かな未来を築くために、教育課程を通じて初等中等教育が果たすべき役割を示すこと」にその意図があるとされている。グローバル社会を見据えた教育課程のあり方を探ろうとする姿勢がうかがえる。

スポーツ・青少年局

（うちスポーツ関係　3課1参事官）

76人

局長

大臣官房審議官

中央教育審議会
スポーツ・青少年分科会

スポーツ・青少年企画課

総括・管理業務、スポーツ・青少年分科会、スポーツ基本計画、日本スポーツ振興センター、スポーツ施設の整備、スポーツ団体のガバナンス改善

スポーツ振興課

地域スポーツクラブの育成、指導者の育成、スポーツの安全確保、スポーツ選手のキャリア形成支援、障害者スポーツの振興

競技スポーツ課

選手強化への支援（強化拠点・強化費）、国際大会の招致、2020年東京オリンピック・パラリンピック競技大会の準備、国際交流、ドーピング対策

参事官（体育・青少年スポーツ担当）

学校体育・運動部活動、武道の振興、子供の体力の向上

青少年課／参事官（青少年健全育成担当）
（充て職）

学校健康教育課

図1　スポーツ庁の組織構成とおもな業務(文科省HPから引用)

スポーツ庁
(5課2参事官)
121人(新規増7人、他府省からの再配置23人を含む。)

長官
次長
審議官
スポーツ審議会

政策課
総括・管理業務、スポーツ審議会、スポーツ基本計画、日本スポーツ振興センター、武道の振興、国内外の動向調査、戦略的広報

学校体育室
(学校体育・運動部活動)

健康スポーツ課
国民へのスポーツの普及、予防医学の知見に基づくスポーツの普及、地域スポーツクラブの育成、子供の体力向上、スポーツの安全確保

障害者スポーツ振興室
(障害者スポーツの充実)

競技スポーツ課
選手強化への支援(強化拠点・強化費)、医・科学を活用した競技力向上策の開発

国際課
国際大会の招致、国際交流、ドーピング対策、スポーツを通じた国際貢献、世界のスポーツ界への積極的関与(人材育成・派遣等)

オリンピック・パラリンピック課　※時限
オリンピック・パラリンピックムーブメントの推進(Sport for Tomorrowの推進等)、2020年東京大会に向けたスポーツ団体等との調整

参事官(地域振興担当)
スポーツをできる多様な場の創出(地域スポーツ施設の充実等)、スポーツを通じた地域おこしへの支援

参事官(民間スポーツ担当)
スポーツ団体のガバナンス改善、スポーツ人材・指導者の育成、スポーツ選手のキャリア形成支援、産業界との連携促進

生涯学習政策局　青少年教育課
初等中等教育局　健康教育・食育課

この論点整理で注目すべきは、育成すべき資質・能力について、以下の「3つの柱」で整理していることである。

①「何を知っているか、何ができるか」(個別の知識・技能)

②「知っていること・できることをどう使うか」(思考力・判断力・表現力等)

③「どのように社会・世界と関わり、よりよい人生を送るか」(学びに向かう力、人間性等)

くわしくは終章で述べていくが、これまでの教育理念である「生きる力」、文部科学省(以下、文科省)の所轄である国立教育政策研究所:教育に関する総合的な政策研究機関(以下、国研)が提案している「21世紀型能力」「アクティブ・ラーニング」、さらには教育基本法・学校教育法で規定するところの「学力観」に沿うものである。

したがって、体育・保健体育にあっては、これまでの実績と課題を踏まえ、この論点整理に即して教科目標、学習内容、学習内容の取り扱い、指導方法、評価のあり方等について実践的に議論しつつ、研究を深めていかなければならない。

4 コアとなれる学校体育・スポーツ

今日、スポーツ庁、各種競技の国際大会、地域スポーツ、あるいは障害者スポーツが、メディアなどでクローズアップされている。他方で、学校体育に対する期待値が小さくなっている。今こそ、学校における体育の存在価値、そして学校教育活動としての運動部活動のすばらしさを強調していくことが必要なのである。

保健体育の授業は、体力の向上だけではなく、「生きる力」すなわち「知・徳・体」を育むうえできわめて効果的である。しかも、生涯スポーツおよび競技スポーツ等の基礎づくりとして切っても切れない関係がある。その授業をおろそかにしてはいけない。

1998（平成10）年に、完全学校週五日制にともなって、他教科と同様に保健体育の授業時数が削減された経緯がある。授業時数の削減は保健体育教師の定数削減に直結していることを、現場の教員は、特に高校現場では強く認識する必要がある。危機意識をもつべきである。もっともっと体育の授業時数は必要だという声に押されるぐらいがんばらなければならない。すべての児童生徒が、明日の体育が楽しみで待ち遠しいと言うぐらいに。

地域スポーツに、老若男女がいつでもどこでも気軽に交流し、スポーツに親しむことのできるよさがあるとすれば、運動部活動には、先生や仲間と一緒に切磋琢磨することを通して、自己の成長を感じることのできるよさがある。教員も、授業だけでは見えない生徒一人ひとりのよさを発見する場として、部活動に情熱をもって取り組んでもらいたいものだ。教員は授業で勝負するのは当然であるが、「教諭は児童（生徒）の教育をつかさどる」という学校教育法をもち出すまでもなく、生徒の多様な特性・個性を引き出していくことに意欲的であってほしい。経済協力開発機構（ＯＥＣＤ）が発表したように、中学校教員は超多忙という調査結果（注3）を私も承知はしているが、生徒との多様な交流はかけがえのないものではないか。

そのための支援と環境づくりは教育行政の命題である。中教審も「部活動指導員（仮称）」の創設を提案するなど動き出しているが、新たに発足したスポーツ庁が、文部科学省初等中等教育局等と連携するなかで、学校体育・運動部活動等の充実に関わるスポーツ行政を、総合的に推進していくことを望みたい。

私の問題意識と今後への期待を序章として記した。以上の点を念頭に、次章より読み進めていただければと思う。

注1　スポーツ庁は、文部科学省の外局として位置づく。
注2　2011（平成23）年公布。
注3　経済協力開発機構（OECD）PISA調査。国際教員指導環境調査：学校の学習環境と教員の勤務環境に焦点を当てた国際調査。2013年に第2回調査が実施された。

学習指導と生活指導は車の両輪か？

学習指導と生活指導とは「車の両輪である」とよく例えられるが、はたしてそうだろうか。問題行動を抑え込むために生活指導に力が入り過ぎ、車が斜めに走行してはいないか、というのが、私のかねてよりの問題意識である。

思春期と言われる中高校生期は、心身ともにアンバランスになりやすい。この時期に承認の欲求等が適時・適切に充足されないと、情緒的に不安定になり、いじめや校内暴力、非行行為となって現れ、学校が荒れることがある。深刻な教育課題に対処しようと、いきおい教員は生活指導に追われる結果となる。しかし私は、学校が荒れているときこそ、学習指導に全力を注ぐことが学校再生の近道ではないかと考えている。

生徒は誰もが周囲から認められたい。しかし授業がわからない、先生は面倒を見てくれない、その結果学校が荒れる。教員は抑え込みに忙しく、学習指導がおろそかになる。悪循環してはいないか。学習指導と生活指導は車でいう前輪駆動車。学習指導という前輪がパワーアップすると、後輪である生活指導はうまく転がっていく。

私が、授業づくりに真摯に取り組む姿勢を望む理由はここにある。容易でないことはわかっているが、この考えを大切にしたいと思う。

第1章

「体育」「スポーツ」の位置づけと学習指導要領

要旨

我が国は、欧米と違って、運動やスポーツの実践の場は学校体育が中心であった。しかし社会の変化に伴って、国民のスポーツとの関わり方が多様になってきた。もはや学校体育だけではなく、スポーツを広く捉えて、施策の充実を図る必要性が増大してきたことから、21世紀を迎えるにあたり、「スポーツを含む体育」から「体育を含むスポーツ」に行政上の仕組みが大きく変わった。

しかし、学校においては「スポーツ科」とは呼ばない。その理由はスポーツの語源や我が国の教育制度の歴史的経緯に由来する。「体育」が学校カリキュラムに必修として位置づく根拠は何か、体育の果たす役割は何か、私たちは改めて考えることが重要である。そのための第一歩は、学習指導要領をより深く理解することである。

学習指導要領はほぼ10年ごとに改訂されているが、その法的な根拠や改訂ための組織および改訂のおもな流れについて改めて確認しておきたい。同時に、改訂の趣旨が十分伝わらず生じている数々の悩ましい点等についても考えていく。

新たにスポーツ庁が発足した。スポーツ庁であって「体育庁」ではない。なぜだろうか。体育、スポーツ、運動、体操など似たような言葉があるが、どのように使い分けているのだろうか。

この疑問を解消するためには、「体育」と「スポーツ」の行政上の仕組みを紐解く必要がある。

1 「体育」が上か、「スポーツ」が上か

21世紀となった2001（平成13）年、国は大きな行政改革、機構改革をおこなっている。省庁再編に伴い、従来の文部省が科学技術庁と一緒になって、新たに文部科学省（以下、文科省）となった。このことは、教育現場にとっても大きな変革であった。

このとき、「体育」という文部行政上の冠たる組織名が「スポーツ」にとって代わられた。この変更によって、従来の「スポーツを含む体育」から「体育を含むスポーツ」へとその概念が大きく転換されたのである。つまり、行政上の位置づけとして「スポーツ」が「体育」よりも上位になり、逆転した。保健体育教員にとっても重要な変更であることを知る必要がある。

図2の組織図からもわかるように、組織の名称について言えば、文部省時代は『体育局』であったが、文科省になって『スポーツ・青少年局』と変更されている。これは、単なる組織の名称変更だけに留まらないという認識が必要だ。

図2　文部省から文部科学省への組織改革図

文部省 体育局	体育課, 生涯スポーツ課, 競技スポーツ課, 学校健康教育課

文部科学省 スポーツ・青少年局	企画体育課, 生涯スポーツ課, 競技スポーツ課, 学校健康教育課, 青少年課

戦後教育のなかでは一貫して「体育」が「スポーツ」を包含する関係になっていた。つまり、「体育」が「スポーツ」よりも行政上上位として扱われていたということである。その根拠は、当時の文部省組織令の第13条に「体育局の事務」があり、その第1項イに「体育（スポーツを含む、以下同じ）の振興」と明記されていたからだ（傍点は筆者）。

ところが、その後の社会の変化に伴って、人びととスポーツとの関わり方に変化が生じてきた。国際競技スポーツの普及・発展が著しくなったことに加えて、生涯にわたってスポーツに親しむ人が増え、また競技場やテレビ中継でスポーツをみて楽しんだり、ボランティアとしてスポーツを支える人も出てきた。つまり、人びととスポーツとの関わり方が比べものにならないくらいに広がってきたのである。

このような経緯のなか、「スポーツ・青少年局の所掌事務」**(注4)**には次のように記されていた。

①スポーツの振興に関する企画及び立案、並びに援助や

助言をする。

②スポーツのための助成に関すること。

③学校における体育の基準（初等中等教育の教材に係るものを除く）の設定に関すること。

（以下、略）

国として「スポーツ」を「体育」よりも広い意味で捉えていることがわかる。換言すれば、「体育」だけでなく、野外活動、レクリエーション、各種の運動、ダンスなども含めて、広く「スポーツ」と捉えるようになったということである。したがって、文部行政上、スポーツ施策の充実と言えば、体育を含むこれらの施策の充実ということとなる。2001年以降、組織上、「体育」ではなく、「スポーツ」を上位とした考え方になったのである。

そして、国の組織が変わることによって地方の組織も変化していく。顕著な例で言えば、教育委員会に位置づけられていた「体育課」が、地域によっては、知事部局の「スポーツ課」になったことだ。これは法律（注5）に「スポーツに関すること（学校における体育に関することを除く）」が首長の職務権限の特例として明記されたことによる(2007年追加)。また、教育委員会内にありながらも「体育課」の名称が「スポーツ（推進）課」となったり、両者が並立したりしているというケースもある。あるいは、「体育課」が他教科すべてを管轄する「学校教育課」に吸収されている地域もある。

いずれにしても、行政上の仕組みとして「スポーツ」のなかに「体育」を包含しているという考えになっていったのである。したがって、学校現場も含めて私たちは、「スポーツ」を広い概念として捉えていくとともに、「体育」を学校教育における教科名として認識するとよい。

2 「スポーツ科」と言わない理由

では、教科名を「体育科」ではなく「スポーツ科」にしたらよいではないかという意見もあるかもしれない。実は、1998(平成10)年の学習指導要領改訂の折、小・中・高合同の会議(注6)で同様の意見が出た。

しかし、体育とスポーツの概念規定はそう易しい問題ではない。国内外の研究者がそれぞれの見解を提言しているが、一本にまとまった状況にはないと言ってよい。多くの研究者の概念規定を知るには『体育の人間形成論』(注7)が参考になる。本稿では学術的に論を進めるのが目的ではないことから、私見を述べるに留めたい。

教科名を「スポーツ科」としない理由については、いくつかの視点で考えることができる。

まず1つには、歴史的な経緯がある。体育は左記のように明治5年の学制以来、社会的な役割とともに、その名称はいくつかの変遷を見ながら今日に至っている。

1872（明治5）年　「学制」で小学教科に「体術」が示される。

1878（明治11）年　体操伝習所が開設される（文部省布達）。

1879（明治12）年　「教育令」発布。「体操」が随意科として実施される。

1886（明治19）年　「小学校令」で「体操」が正課として実施される。

1941（昭和16）年　「国民学校令」公布。小学校を国民学校と改称。「体操」が「体錬科」と改称される。

1946（昭和21）年　文部省に学校体育研究委員会が設置される。

1947（昭和22）年　学校体育指導要綱制定。「体練科」が「体育科」に改称される。


このように、教科名には体術→体操→体練→体育という流れがあり、戦後からは一貫して学校教育法施行規則に「体育（保健体育）」として位置づいている。このことが最も大きな理由である。

2つ目の視点として、「体育」のもつ総合的な教育的価値があげられる。教科体育では、運動やスポーツを教材として取り上げることによって、子どもたちの心身の発育・発達、コミュニケーション能力の育成、生涯にわたって運動やスポーツに親しむ資質や能力を育むことができる。スポーツの技能のみを向上させているわけではないということだ。

3つ目は、子どもたちの体力の二極化という現状から考えることができる。スポーツ庁（文科省）から発表される体力・運動能力テストの数値や1日あたりの歩数等から、子どもたちの体力には危機的な状況が指摘されている。子どもの興味・関心だけにおもねるのではなく、運動嫌いであっても意図的・計画的に運動やスポーツに親しませ、身体活動を通した運動刺激を与えることが必要である。単にスポーツではなく、教科体育としての運動刺激である。

そして4つ目はスポーツの捉え方に関連する。スポーツはその語源に、プレイ、遊び、遊技、楽しみ、娯楽、気分転換などの意味をもつ。人に強制されることなく、自らの意志でそれぞれの身体活動を楽しみ、それが高じて文化にまで発展してきていると捉えることができる。したがって、スポーツはあくまでも自主的・主体的な身体活動として位置づく。そのため、一定の強制力をもつ学校教育の教科名として「スポーツ科」はそぐわないのである。

このような理由から、教科名は今後とも「体育（保健体育）科」が適当であると考える。

なお、（公財）日本体育協会はスポーツの競技団体を統轄する団体であるが、その発展的経緯から「日本スポーツ協会」とはしていない。同様に、スポーツの祭典である国民体育大会（国体）も「国民スポーツ大会」には変更されていない。歴史があり、人びとに広く認知されている名称の変更は、安直におこなわれるべき代物ではない。

3 「スポーツ」は体育授業の教材である

行政上の位置づけが逆転した「体育」と「スポーツ」との関係性を理解したうえで、授業科目の1つとしての保健体育の「体育」における「スポーツ」の取り扱いについて見てみよう。

「体育」の学習内容は、中学・高校の場合、**図3**のように大きく「運動」と「体育理論」に分かれており、「運動」の内容として「体つくり運動」「スポーツ」「ダンス」の3つがある。したがって、学校教育（体育）のなかで言う「スポーツ」とは、体育授業で学ぶ教材である「スポーツ領域・種目」を意味している。この関係性が十分理解されているとは言えない状況がある。

「体育」「スポーツ」「運動」「体操」など紛らわしい言葉があり、学校現場では、保護者も含めて混乱することが少

図3　体育分野の8領域

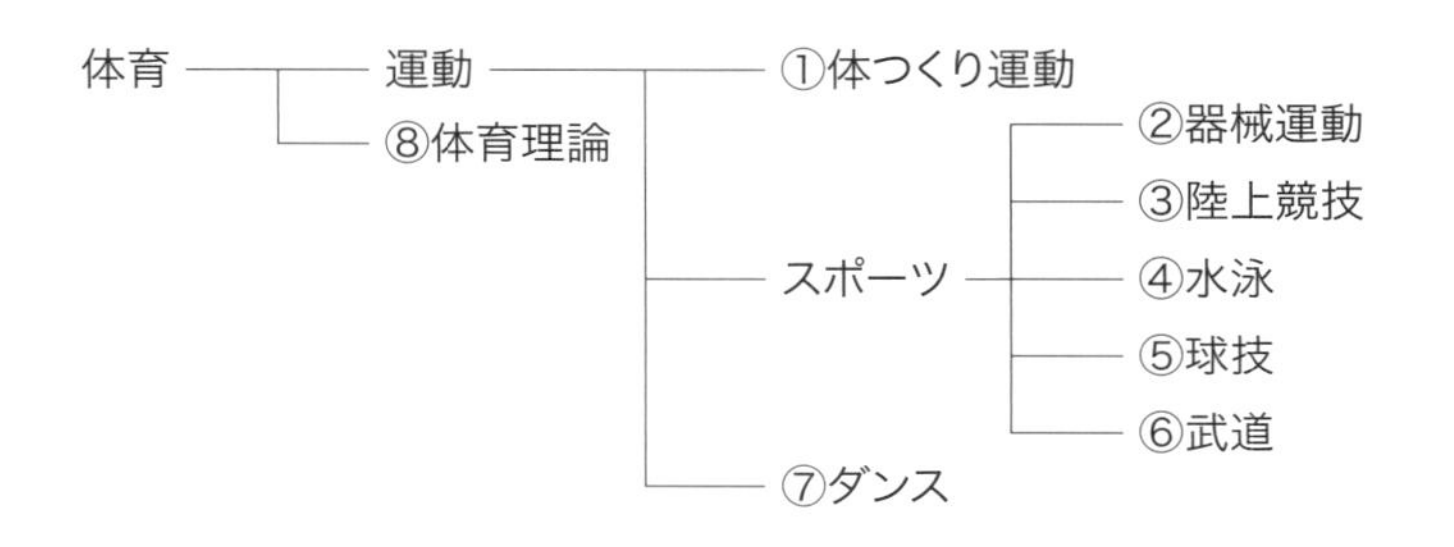

なくない。しかし、図3のように学校体育の分野ではそれらを明快に使い分けているのである。

つまり、体育とは教科名であり、その体育で学ばせるべき身体活動として「運動」がある。そして、「運動」の中身（内容）として、「体つくり運動」領域（注8）がある。一方、器械運動、陸上競技（陸上運動）、水泳、球技（ボール運動）、武道（除く小学校）は「スポーツ」領域としてくくられている。加えて、創作ダンス（表現）、フォークダンス、現代的なリズムのダンス（リズムダンス）を扱う「ダンス」領域がある。

各領域・種目にそれぞれ固有の特性があるからこそ、子どもたちに学ばせる価値がある。このため、授業づくりでは、運動の特性、子どもたちの実態（運動経験、関心・意欲、技能程度等）、教師の指導観・教材観、教材の開発・工夫、そして学習の道筋を明確にしながら、子どもたちの運動欲求を充足し、各スポーツ種目・ダンスのもつ固有の楽しさや喜びを味わうことができるようにしていかなければならない。

なお、「体操」が戦前教科の名称であったり、戦後体力を高める1運動領域の名称であったりしたことから、「体育」と「体操」を混同している嫌いがいまだにある。

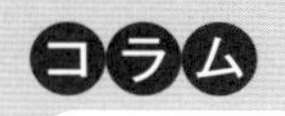

「体ほぐしの運動」は「心と体を一体としてとらえ」る運動である

1998（平成10）年の改訂で、小学校体育および中・高等学校の保健体育の目標に「心と体を一体としてとらえ」ることが初めて位置づき、「体ほぐしの運動」が導入された。

「体ほぐしの運動」とは何か。それは、「気付き」（自他の体に気付く）、「調整」（自分の体の調子を整える）、「交流」（仲間と交流する）の3つのねらいをもつ、手軽におこなうことができる運動や律動的な運動である。

子どもたちの動きがぎこちない、体が硬い、身のこなしがよくないなどの実態を嘆くのみでは進歩がない。さまざま議論を経て、新設「体ほぐしの運動」の「おこない方」は整理された。①のびのびとした動作で用具などを用いた運動、②リズムに乗って心が弾むような運動、③ペアでストレッチングをしたり、緊張を解いて脱力したりする運動、④いろいろな条件で、歩いたり走ったり跳びはねたりする運動、⑤仲間と動きを合わせたり、対応したりする運動、⑥仲間と協力して課題に挑戦する運動（高等学校）を、3つのねらいと関連させながらおこなう。ここからもわかるように、「体ほぐしの運動」は動的な運動なのである

「体ほぐし」というネーミングから、マッサージやヨガなどをおこなうのかと誤解された時期があったが、そうではない。ネーミングを改めて検討してもよいのではないか。

4　学習指導要領を確認しよう

(1) 法的根拠は何か

学習指導要領の法的な位置づけについては、学校教育法はもとよりであるが、国としての関わりを示す文部科学省設置法等を紐解く必要がある。

○文部科学省設置法（1999（平成11）年）第4条9（所掌事務）「初等中等教育の基準の設定に関すること」。
○文部科学省組織令（2000（平成12）年）第5条（9）（初等中等教育局の所掌事務）「初等中等教育の基準の設定に関すること（スポーツ庁及び生涯学習政策局の所掌に属するものを除く）」。
○文部科学省組織令（2000（平成12）年）第86条（24）（政策課の所掌事務）「学校における体育及び保健教育の基準の設定に関すること」。

以上のことから、初等中等教育の基準については文科省が定めること、それを担当するのは初等中等教育局であること、ただし、体育および保健教育の基準についてはスポーツ庁政策課が担当することがわかる。

なお、序章で述べたように、２０１５（平成27）年、従前の文科省スポーツ・青少年局から文科省の外局としてスポーツ庁を発足させたことに伴い、文部科学省設置法等が一部改正・追加されていることに留意する必要がある。

学習指導要領の改訂となると、文部科学大臣が中教審に諮問することはよく知られていることであるが、その根拠は文部科学省組織令（２０００（平成12）年）第76条にある。「中央教育審議会」は、「文部科学大臣の諮問に応じて」、①教育の振興、②生涯学習の推進を中核とした豊かな人間性を備えた創造的な人材の育成に関する重要事項を調査審議することとなっている。

学習指導要領は、文部科学大臣が中教審の答申を受けて改訂・公示するが、その根拠は次のようである。

○学校教育法第33条「小学校の教育課程に関する事項は（中略）文部科学大臣が定める」。

〇学校教育法施行規則第52条「小学校の教育課程については、（中略）教育課程の基準として文部科学大臣が別に公示する小学校学習指導要領によるものとする」。

ここでは小学校を示したが、中学校と高等学校についても同様の規定となっている。

(2) 改訂はこうしておこなわれる

前述のような法的な位置づけのもと、ほぼ10年ごとに学習指導要領は改訂されるが、その組織と改訂のおもな流れを、２００８（平成20）年改訂時を参考に見ていく（**図４**）。

まず文部科学大臣は、国内外の社会状況、学習指導要領に基づく教育課程の編成・実施上の成果と課題等を踏まえ、向こう10年あるいは20年先を見通して児童生徒にどのような資質や能力を身につけさせればよいか、国の教育課程の基準全体の見直しについて検討するよう中教審に要請する。その際、諮問理由が添えられる。

要請を受けた中教審は、初等中等教育分科会内に教育課程部会を設け、小学校部会、中学校部会といったように各校種ごとに教育課程について議論を重ねる。ここでの議論が、校種ごとに各教科等の専門部会におろされ、より専門的な協議がおこなわれる。体育では、図４にあるように、「健やかな体を育む教育の在り方に関する専門部会」で体育と保健教育のありようについて慎重審議がなされる。

図4　学習指導要領改訂（平成20年改訂時）の組織図

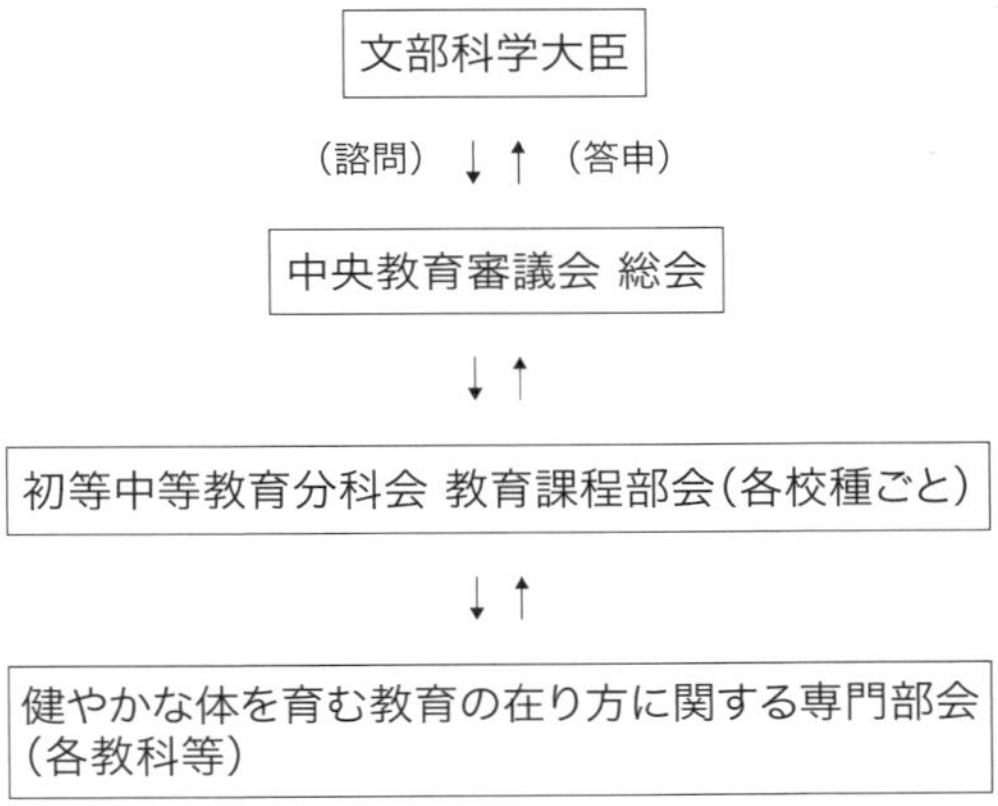

文部科学大臣

（諮問）↓↑（答申）

中央教育審議会 総会

↓↑

初等中等教育分科会 教育課程部会（各校種ごと）

↓↑

健やかな体を育む教育の在り方に関する専門部会（各教科等）

しかし、各校種だけで、あるいは各教科等だけで議論をすると、全体のバランスを欠くため、専門部会の論点を踏まえて教育課程部会で再度審議される。その繰り返しをおこないつつ、適時に総会で審議されるのである。そして、最終的にまとまったものを答申として文部科学大臣に提出する。

２００８年の改訂時には、２００５（平成17）年2月に諮問がなされ、２００８（平成20）年1月に答申されており、およそ3年を要している。この中教審の審議と並行しながら学習指導要領の改訂作業は進められ、同時に学習指導要領「解説」の作成も、協力者会議を立ち上げおこなわれる。

参考までに、「次期学習指導要領改訂に向けた検討体制」を文科省ホームページから引用して掲載する（**図5**）。ここからわかるように、

図5　次期学習指導要領改訂に向けた検討体制（文科省HPから引用）

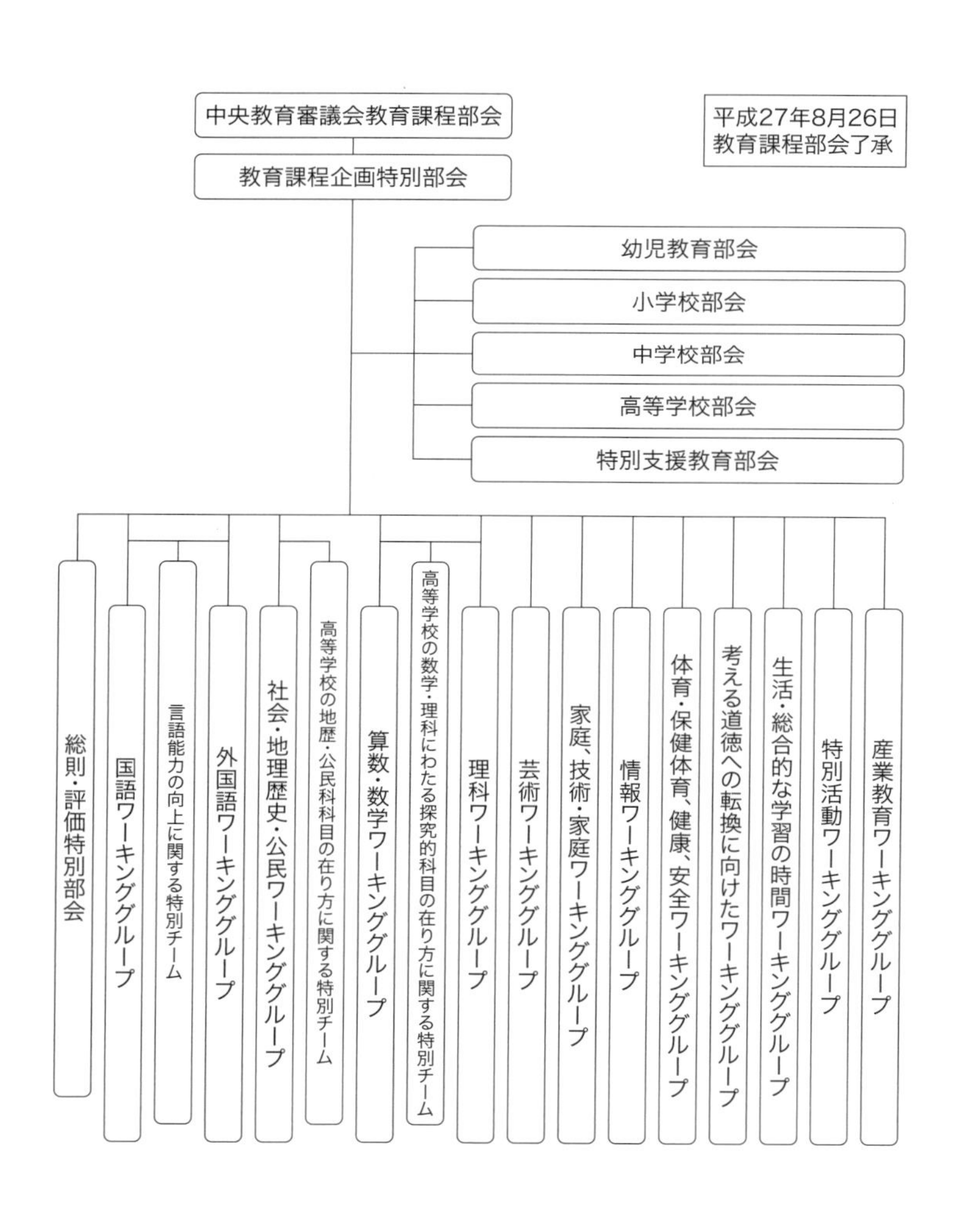

各校種部会と各教科等ワーキンググループで検討が重ねられていく。

5 学習指導要領の趣旨や改訂の経緯をもっと知る

学校現場には、学習指導要領の趣旨を十分理解しないまま批判的立場をとる人も少なくない。メディアもその傾向が強い。正しい情報を得るように努める必要がある。誤った情報に振りまわされていると、学習指導要領の趣旨を生かした授業づくりに支障を来すのみならず、学校教育に対する信頼が得られなくなる。

(1) 改訂の経緯をめぐる誤解

①「改訂はいつも上から目線」との声

学習指導要領の改訂は上から目線であって、現場の意見が反映されていないという批判が常にある。はたしてそうか、なぜそう考えるのか。学習指導要領は上から目線の改訂ではなく、むしろ下からのボトムアップ（注9）であるのに。

中教審の教育課程部会と専門部会は、それぞれ、原則、学校現場、教育行政、有識者、職員団体、民間、地域および保護者で構成されている。各界各層の意見が集約され、中教審総会の名において文部科学大臣に答申され、それを反映した学習指導要領が文部科学大臣の名において改訂・公示される。

中教審等における会議資料としては、おもに以下が用意される。
○これまでの学習指導要領による教育課程の編成・実施の成果と課題に関する実施状況調査結果
全国的な学力調査等の結果も検証の際の重要なデータとなる。
○文科省はじめ各都道府県教育委員会等による研究指定校等の成果と課題
○学習指導要領に基づいた教員の指導状況、児童生徒の学力(体育においては「技能」「態度」「知識、思考・判断」)の実現状況の検証結果
検証にあたっては観点別学習状況の評価、すなわち「関心・意欲・態度」「思考・判断」「技能」「知識・理解」の4観点からおこなわれる。どのような授業づくりをしたか、児童生徒の学力をどれだけ高めることができたかという教員を対象とした評価と、児童生徒自身がどれだけ学習内容を身につけることができたかを尋ねる、児童生徒を対象とした評価とがおこなわれる。
○全国の校長会や指導主事の連絡協議会等を通して報告される日常的な教育活動の成果と課題
○国際的な調査結果
２００８(平成20)年改訂では、ＯＥＣＤ(経済協力開発機構)のＰＩＳＡ調査結果が報告されている。これは、参加国が共同で開発し、２０００年の初の調査を皮切りに、3年ごとのサイクルで実施している義務教育終了段階にある15歳児を対象とする学習到達度調査である。読解力、数学的リテラシー、科学的リテラシーの3分野について、問題解決能力を含めて結果報告がなされている。

2012年は65カ国・地域が参加している。

ちなみに、これらの調査結果から、我が国の児童生徒について、以下のような指摘がなされていた。
・思考力・判断力・表現力等を問う読解力や記述式問題、知識・技能を活用する問題に課題
・読解力で成績分布の分散が拡大しており、その背景には家庭での学習時間などの学習意欲、学習習慣・生活習慣に課題
・自分への自信の欠如や自らの将来への不安、体力の低下といった課題
知識・技能はしっかり身についているが、考える力が弱い。応用問題には手をつけないで初めから諦めている。その要因として、家庭での生活習慣や学習時間に相関関係があることが指摘された。加えて自信のなさや体力の低下が懸念されているなどの指摘もあった。

これらはすべて2008年の学習指導要領改訂の基本的な考え方にしっかり反映されている。


このように、調査結果から見た学校現場の成果と課題や改訂に関する意見は、当然吸い上げられるのである。したがって指導主事は、年間を通じて学校現場の教員と意見交換・情報交換をする場を設けなければならない。例えば、校内研修に出向く、地域の自主的な保健体育研究会等に出向く、各種主任の研究協議会を主催する、各種の現職教員の研修会を主催するなどの機会をとらえて、常に情報収集に努める。

そのほかに、ふらりと学校を訪問するのは効果的である。平素の学校の姿や教員の実態を見ること

ができるうえ、校長から学校の様子を聞くこともできる。指導主事はデスクワークだけではなく、各学校現場に積極的に足を運ばなければならない。そして、学校現場の教員は、校内研修等で指導主事と積極的に意見交換をすることが、もっと言えば建設的な意見を述べることが重要である。

社会の変化、保護者・児童生徒の実態等の変化に対応するためには、学習指導要領の改訂には、学校現場の意見を反映したボトムアップが欠かせないのである。

②「改訂の経緯が学校に浸透しない」との声

学習指導要領の趣旨を学校現場に十分に伝えるには、決定的に時間が足りない。しかも伝達であるから言わば伝言ゲームのようになり、趣旨を十分に伝えることは至難の業だ。

学習指導要領改訂に係る解説等を文科省が地方教員委員会に対して実施する場合、保健体育では通常2日間かけておこなわれる。しかし、都道府県から市区町村への伝達となると、地域差はあるが1日でおこなうことが多く、市区町村から各学校へは半日となり、各学校では職員会議で伝達される程度といった場合が少なくない。そのため、どこがどのように変わったのか、結果だけが伝えられ、なぜそのように改訂されたのか、理由が重要であるにもかかわらず、時間的な制約からその解説は割愛されることもある。なかには、いかにもこれまでの考え方が否定されたかのごとくに伝えられることもあろう。

また、指導主事は専門外の教科についても担当することがあり、文科省や県から提供される情報を十分には聞きとれないし、伝えきれないこともあろう。

加えて、改訂関係の研修会で、その講師が十分理解しないまま変更点のみを強調し、授業のありようをゆがめるケースもあると聞く。児童生徒主体の課題解決的学習を重視するとしたときに、「今、教師は指導してはいけない。児童生徒の気づきを待たなければいけない。なぜ先生はあの場面で指導したのか」と講師が責めたという事例は、その端的な例であろう。


学習指導要領はほぼ10年ごとに改訂されるが、改訂のたびにそれまでの考え方を否定して新たな方向を示すことはない。つまり、時計の振り子のように、完全に反対側に振りきれることはないということだ。学習指導要領は、教育課程の編成・実施の現状と課題を踏まえ、徐々に改訂の度合いを大きくしていくものであり、大型のタンカーが方向転換するときに等しいと考えればよい。徐々に方向変換をしないと転覆する。

③「学校の裁量・創意工夫を縛っている」との声

はたして学習指導要領は学校現場を縛っているか。決してそういうことはないのに、そのような批判が消えない。

国として教えるべき最低基準としての内容を示しているのが学習指導要領である。教育課程の編成者である校長の責任のもと、学校の裁量に任されているところ大であり、特色ある学校づくり、特色ある教育課程の編成・実施が可能である。各教科等の目標と教えるべき内容、そしてその内容の取り扱いは示されているが、指導法は教員の工夫次第であるということだ。料理に例えると、食材は等しく準備されており、和食にするか、洋食にするか、はたまた中華にするか、どのように調理するかはその人次第、味つけもその人次第である。嫌いな物でもいかに工夫して調理し、美味しく食べさせるか、教員の力量である。

したがって、学習指導要領に示されていない内容についても加えて指導することができる。また、学校において必要がある場合は、下位または上位学年で指導することもできる。その教科の目標や内容の趣旨を逸脱しない、児童生徒の負担加重にならない範囲で、学校の裁量が認められているのである。

④「ゆとり教育」とはマスコミがつくった言葉

2002（平成14）年度、完全学校週5日制（以下、週5日制）の実施、新学習指導要領の全面実施において、学力低下論争が激しくなり、学力の低下は新学習指導要領の言わば「ゆとり教育」にあるとする批判がマスコミを中心にわき起こった。このため新たな教育理念であった「生きる力」がどこかへ飛んでしまった感があり、学習指導要領改訂の趣旨が十分理解されないこととなった。本来「ゆとりと充実」と言うべきところであり、きわめて遺憾なことであったと考える。

その大きな理由は、1998（平成10）年の学習指導要領改訂時にある。改訂の経緯とおもな改善の内容を文部省（当時）がプレス発表した翌日、新聞紙上には「指導内容の3割削減」「円周率を3と教える」という大きな活字が踊った。「なぜ3割も削減するのか？」「3・14ではなくなぜ3と教えるのか？」大きな疑問が紙面を通して批判的に投げかけられたのである。

しかし、はたしてその報道は正しかったのか。週5日制を視野に入れつつ、すべての子どもたちに新しい教育理念である「生きる力」を身につけさせるために、各教科とも基礎的・基本的な知識と技能に厳選したこと、その知識と技能をもとに課題解決的な授業を展開し、思考力・判断力・表現力などを養うこと、さらに教科を超えた横断的・総合的な課題解決的学習が重要として「総合的な学習の時間」を新設したことなど、重要な事柄が十分報道されていない。

教育行政の経験を通じて感じることは、マスコミの報道は概して批判的な表現に終始しているということである。しかも数字を強調する傾向にあり、適切かつ十分に伝えているとは思えないことが少なからずある。

「ゆとり教育」とはマスコミがつくった言葉である。過去、マスコミは学校教育に対して「詰め込み教育だ」「知識重視ではなく、考える力、創造性を重視すべきだ」という論調だった。民間企業も、人材育成の観点から、国際化に向けた思考力・判断力、創造性の重要性を強調してきたのにと思うと残念であった。

では、なぜ指導内容の3割削減という報道になったか。それは小学校のある教科の指導内容の項目数である。「新旧比較するとこの教科の項目数が3割削減されているが、週5日制に向けて各教科の内容3割削減という理解でよいか」という新聞記者の質問に対して、文部省の回答は無論「ノー」であった。たまたまその教科だけの話であって、全教科にあてはまるものではない。改訂のときには、教育課程の実施状況調査等を踏まえつつ、新旧学習指導要領の指導内容を対比して、①学習の適時性から教える学年を変える、②学習効果の面から教える内容を統合する、あるいは一部の内容を削除する、③科学的知見から教える内容を新たに加えるなどの議論を、教科ごとの専門部会でおこなうのが常である。週5日制下とはいえ、指導内容を3割も削減できるわけがない。いわんや義務教育である。すべての子どもたちに身につけさせるべき基礎的・基本的な知識・技能とは何か、厳選した結果である。1教科の項目数だけに着目し、新旧指導内容の対比を無視した報道姿勢であった。「3割削減」と「円周率3」という数字だけが一人歩きをしたということである。

このことで多くの人が、この改訂を批判的に見ることになったのは大変残念なことであった。しかし、当時の文部省も各学校も、学習指導要領改訂の経緯とおもな改善の内容を、わかりやすく適切に、もっと多くの機会をつくって説明していくことが必要であった。批判を建設的な批判と捉えて、いっそう丁寧に説明していくことが必要であったことを反省させられる。

(2) 内容の取り扱いをめぐる考え方

一方で、学習指導要領解説に記されている「内容の取扱い」をめぐっても、さまざまな誤解が生じているようである。

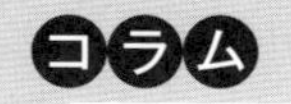

円周率は3と教える？

なぜ円周率を3と教えるという報道になったか。これは実に単純である。当時の小学校学習指導要領・算数では、第5学年の「図形」で「円周率の意味について理解すること」が内容として示されているが、その「取扱い」で「円周率としては3・14を用いるが、目的に応じて3を用いて処理できるよう配慮するものとする」と記された。これは、小数の計算がやや難しいことから、おおよその結果を求める計算（概算）としてまずは3として教え、段階的に3・14と教えていくねらいであった。にもかかわらず、この「3を用いて処理できるよう配慮する」ことだけをことさら取り上げた報道であったことをしっかり理解する必要がある。どの教科書でも3だけでなく3・14も取り扱っている。このとき象徴的なできごとがあった。それは電車の中の広告である。予備校のキャッチコピー「3・14とうちは教えます」。親の不安感を助長するうたい文句で、「見事」と言うほかはない。「ゆとり世代」として若者が愚弄されているかのような報道もある。そんなばかなことはない。マスコミ報道は、担当記者の目、ものの見方・考え方による影響が大であり、批判的な姿勢もあることを理解することが必要である。

そして、何より大事なことは、正しい情報を自ら収集することである。

①ニュースポーツで遊ばせてはいないか

まず、学校現場（なかでも中・高校）はニュースポーツの取り扱いについて、しっかり学ぶことが必要である。なぜならば、特に高校の場合、地域や学校の「特別の事情」とは関係なく、ニュースポーツを多く含めた選択制授業を展開しているケースが少なくないからである。ニュースポーツの取り扱いは、学習指導要領上どうなっているのか、確認しておく。

学習指導要領には、教科固有の目標の実現を図るうえで、教えるべき、あるいは取り上げるべき体育の指導内容として、各種の運動領域（種目）が例示されている。どのような運動やスポーツを例示するか、おおむね以下の要素で選定されると推測できる。

○その運動やスポーツが全国的に普及・発展している。
○教員の誰もが指導可能である。
○学校段階や児童生徒の発達段階などから勘案して、安全で効果的である。
○学ぶべき技能の内容等に発展性がある。
○施設・設備が確保できる。
○用具等が安価で安全である。

このように、運動種目の選定はさまざまな教育的配慮からなされており、全国的に普及しているからこそ、教員も一定の経験を踏まえた指導ができるというものである。ところが、今日の高校現場では、見たことも聞いたこともない、いわんや指導経験のないニュースポーツが多く見られる傾向にある。

高校では運動領域（種目）の選択幅が広い。その選択制授業で相当数の学校がニュースポーツを取り上げている。さて、学習指導要領に例示されていないニュースポーツを取り扱う場合には、どのように考えたらよいのか、実際取り扱うことは可能なのか。

高等学校学習指導要領の球技の項では、「地域や学校の実態に応じて、その他の運動についても履修させることができる」としている。これに関して解説では、「その他の型及び運動は、内容の取扱いに示された各型及び運動種目に加えて履修させることとし、地域や学校の特別の事情がある場合には、替えて履修させることもできることとする」と記されている。中学校も同様である。したがって、学習指導要領に例示された領域（種目）を計画的に実施したうえで、時間的に余裕がある場合には、「加えて」指導することができるということである。

一方、地域や学校の「特別の事情」とは何か。例えば国体や全国スポーツ・レクリエーション大会（スポレク祭）等の開催で、地域をあげた取り組みになっていたり、多くの住民が参加し、しっかり地域に根づいていたりするニュースポーツがある場合には、「特別の事情」として「替えて」指導することができるということである。

ニュースポーツを扱う学校は、「これまでに経験したことのない種目で生涯スポーツにつなげる」ことを意図していると聞く。しかし、現実には体よく「遊ばせている」という印象が否めない。これで科目体育がはたして高校を卒業するまで必修たりうるのか、少なくとも現行の単位数が確保できるのかという懸念が生じる。体育の学習内容である「技能」「態度」「知識、思考・判断」の視点から、ニュースポーツを学ぶ価値をどう捉えるか、真剣に議論し、適切な判断をしなければならない。

さらに言えば、学習指導要領に示された運動領域・種目については、発達段階に応じて技能等の内容を習熟させていく必要がある。ニュースポーツでお茶を濁している場合ではない。現行学習指導要領特色の1つは、学校段階の接続および発達の段階に応じた学習内容、特に技能や動きが体系的に整理されたことである。つまり、「各種の運動の基礎を培う時期（小学校1～4年生の4年間）」と「多くの領域の学習を経験する時期（小学校5年生～中学校2年生の4年間）」、そして「卒業後に少なくとも1つの運動やスポーツを継続することができるようにする時期（中学校3年生～高校卒業年次の4年間）」に区分けして、そこに例示された技能等の内容を、すべての子どもに身につけさせることが重要な課題となっている。

現在の日本は6・3・3という教育制度となっているが、子どもたちの実態を踏まえた4・4・4という体育の改善は画期的であると言える。これを意味あるものにしなければならない。

多くの学校が実践的な研究を深めている状況のなか、学習指導要領に例示されている領域（種目）が未履修になることがないようにしなければならない。各学校の真摯な取り組み、指導主事による適切な指導・助言が必要だということは言うまでもない。

②武道の取り扱いを考える

次期学習指導要領改訂を見据えて「武道の取り扱い」について、また、「礼法は他の運動領域・種目でもやっているのにどこがどう違うのか」という声もあるので、考えていこう。

中学校の武道について、学習効果や習熟度を高めるためには授業時数が足りないとの声が少なくない。安全上の配慮も必要で、時間的なゆとりがほしいなどの声である。そこに、柔道や剣道以外の武道も指導してほしいという武道関係者の希望等もあり、学校現場は悩んでいる。学習指導要領上、「その他の武道」の取り扱いについて確認していく。

武道領域は中学校で初めて学習指導要領に位置づく。例示された種目は柔道、剣道、相撲で、「地域や学校の実態に応じて、なぎなたなどその他の武道についても履修させることができる」と示されている。高校では、柔道と剣道が例示され、「地域や学校の実態に応じて、相撲、なぎなた、弓道などその他の武道についても履修させることができる」となっている。

その意味するところは、「原則として、その他の武道は、示された各運動種目（高校では、柔道または剣道）に加えて履修させることとし、地域や学校の特別の事情がある場合には、替えて（高校では、これらに替えて）履修させることもできることとする」としている。「加えて」「特別の事情」「替えて」の捉え方は、球技におけるニュースポーツの取り扱いと同じである。

武道は、狭義には、武技、武術などから江戸末期までに発生した我が国固有の文化であるとする捉え方から、柔道や剣道などが学習指導要領に例示されている。その一方で、１９７７（昭和52）年、武道の振興・普及を目的に設立された日本武道協議会（任意団体）に加盟している空手道、合気道、少林寺拳法、銃剣道を含めて9団体の種目を広義の「武道」とする捉え方がある。

このうち、空手道は中国大陸からの伝来とする捉え方がありながらも、沖縄県では、独自の発展をしてきた背景があり、地域や学校の「特別の事情」として県教育委員会は柔道や剣道に「替えて」履修させている。しかし、このような例を除いては、全体の授業時数等から「加えて」指導することは難しいのが現実である。各学校現場においては、例示された種目の指導の充実と安全上の配慮を重点的におこない、指導者の確保ができ、授業時数にゆとりがある場合は無理のない範囲で扱っていくことでよいと考える。

③武道の礼法について考える

また、「礼に始まって礼に終わる」という礼法も武道の大きな特色である。野球でもホームベースを挟んで両チームが礼をしてゲームが始まり、ゲームが終われば同様に礼をするなど、礼はほかの競技でもおこなわれている。にもかかわらず、武道において、礼法が重視される理由は何か。

球技は得点を競うスポーツである。相手の体に直接手を出すと反則となる。サッカーではイエローカード（警告）やレッドカード（退場）が出される。しかし、武道（弓道を除く）は、相手の体を直接的に攻撃して「一本」を争うスポーツである。しかも、武道の技術はもともと「相手の急所を突く」、あるいは「投げ倒して最後のとどめを刺す」などの武術であり、そのなかから一定のルールで規定した技術を活用して勝負を争う。ここに球技と武道の決定的な違いがある。

武道が礼法を強調し、ガッツポーズを抑制すべき行為とするのは、このような理由からだ。そこには相手を尊重する態度と自己の感情をコントロールする能力が求められるのである。自分で自分を律する克己の心を表すものとして、礼儀を守る、所作を守る、形から入るという、いわゆる伝統的な考え方と行動の仕方が求められている。

また、武道には、他の運動領域、個人的スポーツや集団的スポーツとは違う特性もある。それは、対人的スポーツとしての特性であり、1対1で勝負を争うことから、ほかの種目では味わえないある種の緊張感があるということである。得意技を用いて「一本」を争うおもしろさがあるからこそ、学ばせる価値があるものとして学習指導要領に位置づく。日本古来の文化であるとともに、世界に発展したスポーツ（BUDO）である点も理由の1つである。

したがって、武道を履修させるにあたっては、授業を展開するうえで、「武道の特性は何か、相手を尊重する態度や行動の仕方がなぜ求められるのか、球技でおこなう礼とはどこがどう違うのか」などについて、生徒にしっかり学ばせることが効果的となる。礼法をなぜ重視するのかを学ばせるには、試合をさせることが一番よい。1対1で相手と直接向かい合う場面は、ほかの種目では味わうことのできない緊張感溢れる経験である。自分で自分を律する心や相手を尊重する態度の必要性等について、理屈ではなく肌身で実感することができる。生徒の実態や授業時数を踏まえて、段階を追った指導、技の制限等安全上の配慮を十分おこなったうえで取り組むとよい。

しかし、各学校現場では安全上の配慮や武道種目をどのように扱っていけばよいか、試合を取り扱ったものかどうか迷っている実態もある。武道を年間計画にどのように位置づけるか、授業時数をどの程度配当するかによって学習効果は大きく違ってくることから、今後とも指導主事等の適時・適切な指導・助言が求められる。

注4　旧文部科学省組織令第10条
注5　「地方教育行政の組織及び運営に関する法律」第23条
注6　学習指導要領解説体育編・保健体育編作成協力者会議
注7　友添秀則（2009）『体育の人間形成論』大修館書店
注8　「体つくり運動」は、気付き、調整、交流という3つのねらいをもった「体ほぐしの運動」と直接的に体力を高めることをねらいとした「体力を高める運動」（小学校高学年以降）で構成される。
注9　企業経営などで、上層部が下部からの意見を採り上げて意志決定をおこなう管理方式。

コラム

「学習指導要領指導書」が「学習指導要領解説」に改称

学習指導要領の趣旨や教えるべき内容を示す小・中学校「学習指導要領指導書」（以下、指導書）が、1998（平成10）年の改訂で、「学習指導要領解説」（以下、解説）に変更された（高校は従前から「解説」）。なぜ、「指導書」が「解説」に変わったか。

学習指導要領に学校教育法施行規則という法的根拠があるのは当然として、「指導書」には法的根拠はない。にもかかわらず、いかにも拘束性があるかのように参考にされてきた。示された内容をすべて教えなければならないような錯覚に陥っていたとも言える。そうではなく、「指導書」の内容はあくまでも例示であって、学校の実態、児童生徒の実態に応じて取り扱うことができる。そのことをはっきりさせるため、「解説」と改称されたのである。

また、保健体育の教科書には教師用の「指導書」（俗に「赤本」と呼ばれているもの）もあって、それと混同されていたからである。

しかし、変更後、学校現場では、示されている内容をすべて教えなくてもいいんだという思いが強くなり、児童生徒の技能レベルが落ちたという指摘もあった。このことが2008（平成20）年の改訂で、学校の接続と発達の段階に応じて、身につけさせるべき基礎的・基本的な技能の内容が明示されることにつながっていった面もある。

第2章

教育理念「生きる力」と学校体育・スポーツ

要旨

２００２（平成14）年に完全学校週５日制を導入することを前提に、１９９８（平成10）年、学習指導要領が改訂された。その改訂に向けて、中教審では授業日数と授業時数が削減されることから、学校の果たす役割は何か、真剣な協議がおこなわれた。この機会に、欧米のように知育に限るべきであるという意見が大勢を占めた。その一方で、家庭や地域の教育力が落ちている、いじめや不登校もある、体力の低下傾向も続いている。そのようななかで、知育に特化した教育で取り返しのつかないことになりはしないかなど侃々（かんかん）諤々（がくがく）議論があった。結果として、これからの学校教育のあり方として、「ゆとり」のなかで自ら学び自ら考える力などの「生きる力」をすべての子どもたちに育むことがきわめて重要と捉えられた。

体育は、その「生きる力」を育むうえで、きわめて有効な教科である。なぜならば、座学がおもである他教科と比して、体育は体を使っての学習のなかで、技能と知識の習得をめざしていくからである。さまざまに考え判断し行動していく重要な学びがある。そして、たとえ個人的スポーツであっても、常に仲間と関わりながら学習活動が展開されるからである。この体育という教科の特性や「生きる力」の育成の構造をしっかり理解したうえで、「知・徳・体」を一体のものとして授業を仕組まなければならない。

1 「生きる力」の重要性

(1)「生きる力」とは何か

中央教育審議会（以下、中教審）は、1998（平成10）年の改訂に向けた第一次答申（1996年）において、これからの学校教育のあり方について、「ゆとり」のなかで自ら学び自ら考える力などの「生きる力」の育成を基本とし、次のような提言をした。

○教育内容の厳選と基礎・基本の徹底
○一人ひとりの個性を生かす教育の充実
○豊かな人間性とたくましい体を育むための教育の改善
○横断的・総合的な指導を推進するため「総合的な学習の時間」を設置すること
○完全学校週5日制の導入

などである。この答申で「生きる力」が教育理念として初めて謳われた。

完全学校週5日制（以下、週5日制）を視野に入れ、各教科で厳選された基礎的・基本的な知識・技能を「習得」させ、時間的・精神的な「ゆとり」のなかで既習の知識・技能を「活用」して思考力・

判断力を高め、さらに教科を超えて横断的・総合的に「探求」していくことが改訂の趣旨であった。
その「生きる力」とは何か。具体的に言えば次の3つの要素である。
○いかに社会が変化していこうとも、自分で課題を見つけ、自ら学び、自ら考え、主体的に判断し行動していくことで、よりよく問題を解決する資質や能力（知）
○自らを律しながらも、他人とともに協調し、他人を思いやる心や感動する心（徳）
○たくましく生きるための健康や体力（体）
以上のように、「生きる力」とは「知」「徳」「体」のバランスのとれた人間形成をめざした教育理念である。

(2)「知・徳・体」を再認識　～中教審の論点～

しかし、その「生きる力」に対して、マスコミ等から「なんと陳腐な、少しも目新しいことではない」という批判があった。その通りである。明治時代から言い古されてきたことである。ではなぜ改めて強調されたのか。このことをしっかり理解しないとマスコミ等による批判の渦に巻き込まれてしまう。現に巻き込まれた人は多かった。

中教審では、週5日制のもとでの学校の役割は何か、欧米のように知育に限るべきではないか、徳育は本来家庭の役割であり、体育については家庭や地域でおこなわれるものではないかという議論があった。学校は何もかにもできるものではないし、授業日数が年間を通じて20日程度、授業時数にしておよそ80単位時間分減る今こそ学校のスリム化を図るべきだというのがその論点であった。○○教育、○○教育とさまざまな教育課題が学校に投げかけられ、その対応に学校は追われているのが実態であるから、学校が本来果たすべき役割は知育だと明言すべき時であるという意見が大勢を占める状況にあった。

その一方で、家庭教育や地域の教育力が落ちているなかで、また、児童生徒の体力の低下傾向が続くなかで、家庭や地域だけに任せて本当に大丈夫か、取り返しのつかないことになりはしないか、知育のみで偏った人間形成にならないか、いじめや校内暴力がある現状では相手を思いやる心などバランスのとれた教育活動が必要ではないか、人としてすべての活動の基盤となる体力は体育の授業や運動部活動でやらなければどこで高めるのか、など不安視する声もあがった。真剣な協議がおこなわれたものである。

このような侃々諤々、議論の経過があって、言わば、落ち着くべきところに落ち着いたと言ってよいのではないか。知・徳・体のバランスのとれた人間形成を重視し、それをめざしていくことを再認識したということである。そのキーワードが「生きる力」なのである。受験5教科を重視するあまりに知育偏重の傾向が強くなっていった戦後教育をも、改めて見直していこうという提唱になったと言っても過言ではない。

さらに現行の学習指導要領のもとになった２００８（平成20）年の中教審答申では、「生きる力」

をよりわかりやすく、端的な言葉で次のように明示した。
○確かな学力（知）
○豊かな心（徳）
○健やかな体（体）
「生きる力」という教育理念は引き継がれたのである。「ゆとり教育」などと批判されながらも、その理念に間違いはなかったことの証である。

2 「生きる力」と教育基本法等との関わり

この「生きる力」という教育理念が、２００６（平成18）年改正の教育基本法に反映されたということを理解しておくとよい。

改正教育基本法の第２条（教育の目標）第１項に、「幅広い知識と教養を身に付け、真理を求める態度を養い、豊かな情操と道徳心を培うとともに、健やかな身体を養うこと」と明記されている。まさに「生きる力」を育むこと、知・徳・体のバランスのとれた人間形成が教育の目標であることを謳っている。要は、教育の原点に立ち返ったということである。

加えて、同条第２項以下に、次のようなことが新たに規定されている。

○能力の伸長、創造性、自主・自律の精神、勤労を重んずる態度
○公共の精神、社会の形成に参画する態度
○生命や自然の尊重、環境の保全
○伝統と文化の尊重、それらをはぐくんできた我が国と郷土を愛し、他国を尊重し、国際社会の平和と発展に寄与する態度

「生きる力」を含めて明確になったこのような教育理念を踏まえて、教育内容が見直され、2008（平成20）年学習指導要領が改訂、公示されているのである。ちなみに、中学校において男女とも武道およびダンスが必修になったのは、上記に沿った改善である。

教育基本法に関連して、もう一つ重要なことを指摘しておきたい。それは「意欲」のことである。教育基本法第6条（学校教育）第2項では、教育の目標を達成するうえで、子どもたちの心身の発達に応じて体系的な教育を組織的におこなうことを述べ、「自ら進んで学習に取り組む意欲を高めること」を重視する旨を謳っている。「意欲」を高めるということは学校教育における永遠のテーマである。後述するが、私は「意欲」こそ学力という捉え方をしている。

では学力とは何か。2007（平成19）年改正の学校教育法第30条で、初めて学力の重要な3要素を以下のように規定している。

○基礎的な知識・技能

○知識・技能を活用して課題を解決するために必要な思考力、判断力、表現力など
○主体的に学習に取り組む態度

まさに「生きる力」で重要な要素としてあげている「確かな学力」、その要素が規定されたのである。教育基本法で言う「意欲」と、学校教育法で言う「主体的に学習に取り組む態度」とは両者とも情意を表す言葉であることから、意欲は主体的に学ぶ態度として発展していく学びの姿と捉えることができる。

いずれにしても、「生きる力」を育むためには、基礎的・基本的な知識や技能の習得と思考力・判断力・表現力などの育成の両方が必要なことは言うまでもない。「ゆとり」か「詰め込み」かではないのだ。それぞれの力をバランスよく育んでいくために２００８（平成20）年学習指導要領の改訂では、教科等の授業時数が増加され、教育内容の改善がなされたのである。

例えば、小学校体育でみると、1年生から4年生まで週あたり2・6回だった授業時数が3回に増えた。5年生と6年生は週あたり2・6回（2回の週と3回の週がある）で変わらない。中学校の保健体育も週あたり2・6回だったものが3回に増えた。高等学校の科目体育は卒業までに必要な単位数は7～8単位で変わらない。科目保健も同2単位で変わらない。

ここで、少し長くなるが、高校科目体育の単位数について触れておきたい。卒業に必要な単位数（授業時数）の規定は、教員の定数にも関わるきわめて重要な課題である。

前述の通り、1998（平成10）年（高校は1999年）の学習指導要領改訂時に、時の中教審においては、各教科、道徳、特別活動の目標および学習内容、さらにはそれぞれの授業時数を大幅に見直した。

高校では、授業時数とは言わず単位数と言うが、この当時、科目体育の履修のあり方と単位数（授業時数）については、卒業までに9単位を必履修（全日制課程普通科）とする「現行」を改め、ほかの教科・科目と同様に1年次の2単位のみを必履修とし、それ以降の年次は生徒による選択履修でどうかという議論があった。

ここで授業時数と単位数との違いについて整理しておく。

週1回（50分の授業）×年間35週＝35単位時間＝1単位

週3回（50分の授業）×年間35週＝105単位時間＝3単位

したがって、卒業に必要な単位数が9単位となると、各年次3単位、つまり各年次週3回科目体育の授業がおこなわれるということである（全日制課程普通科の例）。

過去の単位数（**表1**）から見ても、体育は卒業するまで必履修でなければならないと、当時教科調査官であった私は主張した。高校生はまだまだ発育発達の途上であることから、最低でも週当たり3回、定期的かつ継続的な運動刺激が必要であるからだ。しかし、ほかの教科・科目は1年次の2単位のみ必履修だから、それにならって2単位×3年間＝6単位でどうかという案も出たのである。6単位になるということは、生徒にとって各学年週あたり3回だった体育が2回に減少するということ

表1　科目体育の単位数の変遷

1960(昭和35)年改訂
男子9単位, 女子7単位, 定時制課程と専門教育7単位。

1970(昭和45)年改訂
男女とも7〜9単位, 全日制課程普通科男子は11単位を下らない。

1978(昭和53)年改訂
男女とも7〜9単位, 全日制課程普通科男子は11単位を下らない。

1989(平成元)年改訂
男女とも7〜9単位, 全日制課程普通科, 男女とも9単位を下らない。

＊男女雇用機会均等法による波及効果で男女とも同じ単位数となる。このとき家庭科も男女とも履修となる。

である。そうなった場合、今ですら体力の低下傾向に歯止めがきかない状況であるのに、さらに拍車がかかることになるのではないか、また、現職の保健体育科の教員数はどうなるのか、3分の2の人数に削減されるのかという問題に直面することとなる。生徒のみならず教員にとっても最大の危機的問題である。

それを阻止するためには、各種の会議や打ち合わせ等で理解を深めていただくよう、資料等を出しながら対応をしていかなくてはならない。ここで、もっとも苦労したのは、週3回の体育がなぜ必要なのかという根拠を示すことであった。

なぜ週2回ではダメなのか、経験則や感覚的な言葉では説得力がない。このとき、日本体育学会および日本体育科教育学会等とも連携して説得力のあるデータ（エビデンス）を示そうと努力したが、十分なデータが提示されたとは言いがたかった。しかし、結果として、科目体育は、卒業までの3年間を通して必履修が認められ、必要な単位数が男女とも7～8単位で収まったことは周知の通りであり、研究者の方々にもこれを機会にいっそう研究していただくようになった。

また、2008（平成20）年学習指導要領の改訂では、教育内容も大幅に改善された。体育では、小学校から高校までを①各種の運動の基礎を培う時期（小学校1年生～4年生）、②多くの領域の学習を経験する時期（小学校5・6年生～中学校2年生）、③卒業後に少なくとも1つの運動やスポーツを継続できるようにする時期（中学校3年生～高校卒業年次）と区分して、学校段階間の円滑な接続をねらった。つまり、小・中・高の学校段階の接続および発達の段階のまとまり（4―4―4）をつくり、このまとまりに応じて取り扱う「技能の内容」「態度の内容」「知識、思考・判断の内容」を例示してその習得・活用をめざしている。すべての子どもたちに「生きる力」を育むための体育における改善のポイントである。

3 「自ら学ぶ意欲」と「主体的に学習に取り組む態度」

特に書き加えたいことがある。それは「意欲」である。学校教育法で規定された学力要素としての「主体的に学習に取り組む態度」を、言葉を替えて「自ら学ぶ意欲」と捉えたい。前述したように、教育基本法で「自ら進んで学習に取り組む意欲を高めること」を重視したことを受けて、学校教育法では「主体的に学習に取り組む態度」としていると考えることができるからである。

「意欲」について、現代教育用語辞典(注10)から、引用する。それによると、「ある活動に対する個人の『やる気』をいう。つまり、ある価値判断や意志の働きによって、目標達成の行動を起こそうとする心の状態である。このような状態には、心理学的概念として欲求(要求)、動因、動機などの用語がつかわれている。意欲は活動として行動の解発に対して、エネルギー源となり、行動に持続性や方向性を与えていく。たとえば、自然のしくみを知りたい(動機)→そのためには理科の勉強をしなければならない(やる気)→観察・実験を行う(行動)→事実を発見し、理解するようになり(目標)、また、『驚き』や『喜び』を味わう(成功感、満足感)というふうになる。意欲はこのように循環し、発展する」と記されている。

これを体育の学習に敷衍(ふえん)すると、体力や技能を高めたい、競争に勝ちたい(欲求→動機づけ)→そのためには各種の運動やスポーツを学ぶ(やる気、つまり意欲)→教員や仲間との関わりのなかで学習活動をおこなう(行動)→試行錯誤したらわかった、できた(成功感、満足感)という学ぶ楽しさ・喜びを味わうことができる。この意欲があればこそ、新たな運動課題に挑戦→その運動課題を解決するための工夫する力→意欲のさらなる高まり→主体的に学習に取り組む態度の育成というようになる。

このように、「意欲こそ学力」と私は強く言いたい。教育基本法にも「意欲」が謳われた。学力低下論争があったからこそ、学力の捉え方が、意欲も含めて言わば法令用語として明確に規定されたと言うことができる。

4 「生きる力」を育むうえできわめて有効な教科、それは体育である

1998（平成10）年に改訂された学習指導要領では、「たくましく生きるための健康や体力」、2008（平成20）年の改訂では「健やかな体」という言葉で「体育」に関連する概念が表現されているが、いずれにしても、教科体育・保健体育科ではそれのみを育てていけばよいのかというと、そうではないはずだ。

歴史をさかのぼれば、体育は身体教育として「体育」のみを担い、ほかの教科が「知育」を担うという時代も確かにあった。しかし、戦後いくつかの変遷をたどりながら、現在では、体育の分野で教えるべき学習内容として、①技能、②態度、③知識、思考・判断（小学校では知識を除く）の3つが明快に掲げられている。つまり、「体育」はもとより、「知育」「徳育」に関わる内容も示されているのである。「健やかな体」だけではなく、「確かな学力」「豊かな心」をも育むことがめざされている。

体育の授業が、ほかの教科と大きく異なるのは、体を使って学習活動を展開しながら、技能と知識の習得をめざしていく点である。技能の習得・向上をめざすなかで、さまざまに考え判断し行動して

いく重要な学びのプロセスがある。これが、他教科の座学とは大きく異なる点である。また、たとえ個人的スポーツであっても、常に相手や仲間と関わりながら学習活動が展開される点も他教科とは違う。

例えば、「体つくり運動」の「体力を高める運動」で持久走を扱う場合を考えてみよう。2人組での活動を取り入れるなどしてタイムを読み上げ、励まし合う。そして、一定の距離を一定のペースで走り通す。仲間の「がんばれ！」などの励ましは力になる。また、そうした声援を受けることで仲間との関わりの大切さを体験的に学ぶことができる。

水泳では、卒業年次に4つの泳法を身につけ、個人メドレーができるようにする。その際の、個に応じた指導や仲間との学び合いは、自他の安全も含めて、貴重な学びの局面である。なかでも、身の安全を守るという点は、他の運動領域の比ではない。だからこそ、バディーシステムで仲間と安全を確認しながら、相互に自己の目標達成に向けてチャレンジしていく学びは尊い。

球技のような集団的スポーツでは、一人ひとりのよさを生かしたプレイが求められる。技能はもとより、相手チームに応じた作戦を考え、ゲーム展開をし、その結果を生かして次のゲームの作戦を練るなどの思考力・判断力を高めることができる。そこには言語活動が伴い、コミュニケーション能力をも養うことができる。

ダンスは、勝負とは一切関係のない全身を使った表現の世界である。一人ひとりの個性が生きる。感じを込めて踊ったり、みんなで踊ったりする楽しさ・喜びやイメージを捉えた表現・ダンスを通した交流には、スポーツ領域とは違った学びがある。

このように、体育授業は、単に体力の向上、技能だけを求めているのではなく、すべての教科共通の「確かな学力」の習得・向上を求めているということである。

ところが、このあたりの意識・理解がいまだ十分ではない教員が少なくないようである。過去の経験と学びに固執して、技能と体力の向上だけをめざして教師主導の画一一斉指導にとらわれていると、学習の成果をあげることはできない。まして、「生きる力」を育んでいくことは期待できない。

5 「生きる力」の育成に関わる構造

ここで**図6**をもとに、体育授業を通して「生きる力」をどのように育むことができるのかを考えていくことにする。図に示したように、体育授業には、まず、教員と児童生徒の「関わり」がある。どの教科でもそうであるが、特に体育の場合、子どもたちの技能のできばえや学習活動が目の前でわかる。そのため、教員はこの局面でどのように支援したり助言したりすればよいか、専門的な理論とこれまでの経験を生かして働きかけることができる。また、子どもたちが一生懸命に取り組む姿を褒めたり、できたことをその場で一緒になって喜んだりすることができるのも、体育ならではの関わりである。実はこの教員と子どもたちとの「関わり」が子ども同士の「関わり」を決定的なものにする。

図6　「生きる力」の育成に関わる構造

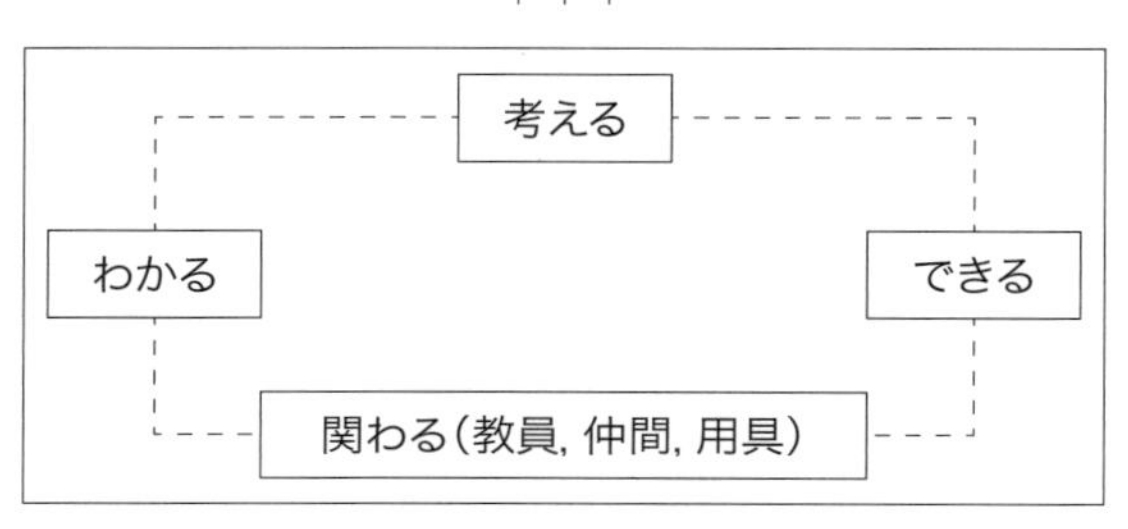

教員の姿によって仲間との関わりがよくもなり悪くもなるのである。

もう一つ見落としてはならない関わりがある。それは用具との「関わり」である。ほとんどの領域・種目で用具を活用して学習活動がおこなわれるが、用具を大切にということはよく指導がなされている。その意味するところを改めて子どもたちに学ばせたい。用具の取り扱いは技能の向上と安全にも深く関わっているが、そのほかに、用具の購入代金との関わりをも学ばせたい。サッカーボールが1個、グラウンドの片隅で雨に打たれているとしよう。その代金は、誰あろう保護者の方々が納めた税金であり、学校として限られたなかで予算措置をしながら学習活動を円滑におこなうよう努力していることを知らせるよいチャンスである。このように教員や仲間、用具等とのさまざまな「関わり」

があって初めて、「わかった」「できた」という楽しさや喜びを味わうことができる。

「わかる」「できる」にはそのプロセスで必ず「考える」という行為があるはずだ。先生や仲間の支援や助言を受けながら、自らの課題を考え達成できるよう試行錯誤する。子ども自身が積極的に課題にチャレンジするためには、その子が少しがんばれば達成できそうだという課題を与えたり、いくつかの課題を示して、そのなかから選ばせたりしていくことがポイントとなる。こうして課題を達成できたときの喜びは何物にも代えがたいものがある。意欲が湧き立って「やる気」が起こる。

まさに、この学びの道筋で基礎的・基本的な「知識・技能」を身につけることができるし、既習の知識・技能を活用して「思考力・判断力・表現力等」を高めることができ、その手応えがあればこそ「主体的に学習に取り組む態度」、言葉を換えれば意欲が高まる。これらが「確かな学力」である。また、仲間との関わりが多いことから「豊かな心」を育むことができる。そして、運動の楽しさや喜びを味わうことが、結果として体力向上など「健やかな体」を育むことにつながる。これこそが体育の授業を通して「生きる力」を育んでいくことなのである。知・徳・体すべてに関わることができる、きわめて効果的な教科が体育である。

このような学習経験を通して子どもたちの「達成感」「有能感」が高まっていく。この「有能感」は、自分は運動が上手にできるという運動能力の高さへの自信だけではない。技能レベルは高くなくても自分もやればできる、がんばれば自分もできるという統制感、そして先生が、仲間たちが自分のことを認め励ましてくれているという受容感の3つの要素から構成される。すべての子どもたちに体感させたい。体育学習のめざすべきはこの「運動有能感」ではないか。それが「生きる力」ではないのかと考える。

45〜50分の1単位時間の授業、1つの単元、1学期、1年間、そして卒業までの3（6）年間を通じてこのような授業が展開されることによって、「生きる力」はそれぞれの学校段階・学習段階に沿って着実に育成されていくようになると考える。

体育の授業は「生きる力」を育んでいくのにふさわしい教科の1つなのである。であるからこそ、よい体育の授業づくりと人材の育成をしていかなくてはならないのだ。体育を担当する教員は、もっとその自覚と認識をもたなくてはならないということを強調しておきたい。

6 「知・徳・体」一体のものとして総合的に捉えた教育を

「生きる力」を育む、すなわち、知育、徳育、体育のバランスのとれた人間形成をめざす。しかし、ともするとこのように分けた形で教育が語られることから、体育という教科は知・徳・体の「体育」だけに対応することでよしとする風潮が今なおあるのではないかと懸念する。

学校教育における理念としてわかりやすいが、実際の教育活動からすると、これらは一体のものとしておこなわれ、教育効果を高めている。各教科の「知」に関する指導を通してもたらされる学ぶ喜びは、豊かな心を育むことができるし、学び合いを通して仲間との心の交流ができる。「徳」に関する指導は、道徳の時間をはじめとする道徳教育が中心ではあるが、各教科等を通して高められるものである。「体」に関する指導については、すでに述べてきた通りであり、ここで培われた心と体、健康と体力はすべての活動の基盤となるものである。

その意味から、「総合的な学習の時間」をもっと重要視することが肝要と考える。修学旅行等の「学校行事の準備」、大学受験のための「補習」等に充てられているという指摘がある。特に中学校と高等学校において。この「総合的な学習の時間」の目標は、横断的・総合的な学習や探求的な学習を通して、課題解決的な資質や能力を高めることである。そして、自己の生き方（あり方）を考えることができるようにすることである。

まさに各教科、道徳および特別活動で身につけた知識・技能、思考力・判断力・表現力等を相互に関連づけ、さまざまな学習や自己の生活に生かすことができるようにする学びの場である。

これから予測しがたい社会を生き抜いていくための「確かな学力」「豊かな心」「健やかな体」を一体的・総合的に捉えてそれぞれを育んでいかなければならない。

注10　天城勲他（1973）『現代教育用語辞典』第一法規株式会社

第3章 「知・徳・体」を育む指導の要

要旨

授業づくりにあたって、教科固有の目標をお題目に留めたり、お座なりにしていたりしてはとんでもないことだ。日々の体育授業のめざすところは、3つの具体的目標の実現を図ることによって、究極的目標を達成することにある。この教科固有の目標の実現をめざした授業づくりが「生きる力」としての「知・徳・体」を育むことにつながる。

その授業づくりの視点として、①3つの運動の特性を総合的に捉えた授業づくり、②機能的特性の3つの型を総合的に捉えた授業づくりを提案している。これまでは、運動の特性の捉え方が一方に偏った授業づくりになり、結果として、表面的な楽しさや喜びに留まる、技能の達成度が低い、体力が高まらないなどの指摘があるからである。

また、「健やかな体」における体力をどう捉えるかについては、気力、知力との相関関係が深いという立場で論じた。さらに、学校教育の永遠の課題とも言える「進んで学ぶ児童生徒の育成」については動機づけが重要であり、「効力予期」と「結果予期」などをあげながら有効な方法を紹介している。最後に、授業づくりに欠かせない評価について言及した。指導と評価は一体のものであり、そのことが十分に理解されていない現状に警鐘を鳴らしている。

1 教科の目標を構造的に理解する

(1) 体育の目標はこう変わってきた

「生きる力」としての「知・徳・体」を育む体育の授業づくりを考えるにあたっては、教科の目標をしっかり押さえることが重要である。２００８（平成20）年の改訂では、体育科・保健体育科の目標は、小・中学校では「生涯にわたって運動に親しむ資質や能力（小学校は基礎）を育てる」、高校では「生涯にわたって豊かなスポーツライフを継続する資質や能力を育てる」であり、小・中・高一貫して生涯スポーツを重視した考え方が強調された。

ところで、この目標は、戦後どのように変遷してきたのであろうか。

初めて法的根拠をもとに学習指導要領が改訂された１９５８（昭和33）年（高校35年）においては、それ以前と同じように「心身の健全な発達」がもっとも強調されている。１９６９（昭和44）年（高校45年）の改訂では、「強健な心身を養い、体力の向上を図る」ことがさらに強調されている。加えて、学習指導要領の総則に、「体育に関する指導」が初めて示され、体力の向上のためには学校教育活動全体を通じて取り組むことが強調された。１９６４（昭和39）年の東京オリンピックが契機となり、欧米並みの体格・体力を育てることが叫ばれた結果であり、ここから体力テストが始まった。この当時の体育の授業づくりは体力つくりが中心課題であった。

１９７７（昭和52）年（高校53年）の改訂で、大きな転換が図られる。「運動に親しませる（小）」「運動に親しむ習慣を育てる（中）」「生涯を通して継続的に運動を実践できる能力と態度を育てる（高）」ことがもっとも強調されたのである。生涯を通じて運動を実践する能力や態度の基礎を育成すること、すなわち生涯体育の基礎づくりの考え方が台頭してきたのである。

１９９８（平成10）年（高校11年）の改訂では「心と体を一体としてとらえ」ることが初めて謳われた。「運動による心と体への効果や健康、特に心の健康が運動と密接に関連していることなどを理解することの大切さ」（学習指導要領解説から）が示された。

このように見てくると、体育科・保健体育科の目標は、心身にわたる健康の増進や体力の向上を重視した時代から、生涯体育の基礎づくりを重視する時代へと移り変わっていったことがわかる。運動やスポーツを健康の増進や体力の向上のための手段とする考え方（運動の手段的価値）から、運動やスポーツそのものの楽しさや喜びを味わうために目的的におこなう考え方（運動の目的的価値）に重点を移してきたのだ。

(2) 目標の長い一文には意味がある

では、2008(平成20)年改訂の中学校学習指導要領を例にして、保健体育科の目標を構造的に見ていこう(**図7参照**)。目標は1つの長い文章になっているから、構造的に分解して理解することが大切である。目標をお題目にしている教員は、その構造を理解していないからではないかと考える。お題目にしているから授業づくりの意図が不明確になる。ただやらせるだけの授業となる。

> **【目標】**
> 心と体を一体としてとらえ、運動や健康・安全についての理解と運動の合理的な実践を通して、生涯にわたって運動に親しむ資質や能力を育てるとともに健康の保持増進のための実践力の育成と体力の向上を図り、明るく豊かな生活を営む態度を育てる。

冒頭の「心と体を一体としてとらえ」は全文にかかっている。これは単なる考え方だけではなく、「体ほぐしの運動」など具体的な活動を通して、心と体が深く関わっていることを体得するよう指導することが求められている。

図7　目標の構造図

心と体を一体としてとらえ	
内容・方法	運動や健康・安全についての理解と運動の合理的な実践
具体的目標	①生涯にわたって運動に親しむ資質や能力の育成 ②健康の保持増進のための実践力の育成 ③体力の向上
究極的目標	明るく豊かな生活を営む態度の育成

「運動や健康・安全についての理解」と「運動の実践」は指導すべき内容を示している。体育に関する知識・理解と保健に関する知識・理解と運動の実践、つまり実技である。そして、その実技は闇雲におこなうのではなく、確かな理論に基づいた正しい方法でおこなわなければならないことを「合理的」のひと言で示唆している。

その後に続く具体的な目標が、①生涯にわたって運動に親しむ資質や能力の育成、②健康の保持増進のための実践力の育成、③体力の向上の3つである。主として①と③を体育授業を通して、②を保健授業を通して、その実現をめざす。3つが密接に関連していることは論を俟たない。各学年および各単元のねらいは、つまるところ、この3つの具体的目標の実現にある。

そのうえで究極的目標の実現をめざすこととなる。「明るく豊かな生活を営む態度の育成」からわかるように、単に知識や技能の習得・向上、体力の向上だけが目標ではなく、3つの具体的目標が実現されることによって、一人ひとりの子どもたちが明るく元気で豊かな生活を営むことができると明言している。逆に考えれば、すべての子どもが明るく元気で豊かな学校生活を営むことができるようにしていくことが、保健体育のめざすところとなる。

そのために体育の授業では、運動の楽しさや喜びを味わうことによって運動への関心・意欲を高め、知識・技能、体力を高め、生涯にわたって運動に親しむことができるようにする。保健の授業では、健康であり続けるために必要な知識を教え、健康課題に直面したときに適切な意思決定ができるように指導していくという理解をするとよい。「雨降り保健」と言って雨天のときに保健の授業をおこなったり、ビデオを鑑賞させたりするだけの授業では、到底その目標を達成することはできない。心身の発育・発達のために欠くことのできない重要な学習内容で構成されているのが保健である。

体育と保健を一体的に学ばせ、「健やかな体」を育み、「豊かな心」を育て、「生きる力」をすべての子どもに身につけさせていくのが教科体育であり、保健体育である。その目標を構造的に理解し、授業づくりを意図的・計画的におこない、指導し、指導したことを評価していくことが必要である。教員は何のために児童生徒に知識・技能を教えているのかという根源の理解が大切である。

2　運動やスポーツの特性を柔軟に捉えて授業づくりを考える

(1) これまでの授業づくり

これまでの授業づくりに関する考え方を概観すると、以下のようになろう。

○運動の「効果的特性」を重視した授業づくり（直接的に体力を高める指導）
　↑（主として、昭和40年代の指導の重点）
○運動の「構造的特性」を重視した授業づくり（技術の習得・向上で生涯体育の基礎づくりをめざした指導）
　↑（主として、昭和50年代の指導の重点）
○運動の「機能的特性」を重視した授業づくり（運動固有の楽しさや喜びを味わわせる指導）
　（主として、平成以降、今日までの指導の重点）

1964（昭和39）年の東京オリンピックを契機に体力の向上をめざした授業づくりの時代、次いで、高度経済成長がもたらした余暇の増大に伴う生涯体育の推進と、その基礎づくりのため運動技術の習得・向上をめざした授業づくりの時代、そして今日の、運動固有の楽しさや喜びを味わうための授業づくりの時代と変遷してきた。体力の向上や技術の習得といった運動の手段的価値から、運動やスポーツの楽しさを体得するといった目的的価値に着目した授業づくりに発展してきたと言える。

しかし、それまでの授業づくりの考え方や指導の重点を否定して今日に至っているわけではない。これら3つの流れは相互に密接に関連しており、重点の置き方に違いがあるにすぎないことに留意しなければならない。このことの理解ができていない学校現場の実態がある。

(2) 授業づくりの2つの視点

これまでの授業づくりを踏まえて、より運動有能感や達成感を味わいつつ、「生きる力」を確かなものとして身につけることができるような授業づくりを提案していきたい（**表2**参照）。

「知・徳・体」を育む授業づくりにおいて、まず重要なことは、視点Aの機能的特性（運動の楽しさや喜び）、効果的特性（体力）、構造的特性（技能）の3つの特性を密接に関連させた授業づくりが必要であると認識することである。運動の楽しさや喜びを味わうと言いながらも、発達段階に応じた技能を身につけることなく、表面的な楽しさに終始する授業、体力向上に特化した指示命令型の授業、技能の習得・向上のための教師主導型の授業など、その時々の授業観に基づきながらも、狭い解釈の

表2　「生きる力」を育む授業づくりの2つの視点

【視点A】　3つの運動の特性を総合的に捉えることを重視した授業づくり

機能的特性（運動固有の楽しさや喜びを味わうための課題）・効果的特性（体力的課題）・構造的特性（技術的課題）を生かし，それぞれの課題を関連づけて解決していくことをめざした授業づくり

【視点B】　機能的特性の3つの型を総合的に捉えることを重視した授業づくり

これまで「達成型」「競争型」「表現型」として区分けされてきた機能的特性を，それぞれは密接に関連しているとして捉え，運動の楽しさや喜びをいっそう味わうことをめざした授業づくり

ため、ある方向に偏りすぎた授業づくりが、これまで多々見受けられたからである。

また、各運動領域・種目にはそれぞれ固有の機能的特性、つまり、「達成」「競争」「表現」の3つの楽しみ方がある（視点B）が、これらもまた密接に関連させた授業づくりが必要であることを確認する。陸上競技や水泳などでは、競争すればこそ自己の目標記録を上まわることができたり、ダンスでは表現の楽しさに加えて○○賞などを設定すると、競争の喜びが加わり意欲が高まったりする。器械運動においても、個人で技を達成する喜びだけでなく、集団で演技する表現型の楽しさもある。このように、3つの楽しみ方を発達段階・学習段階に応じて計画的に位置づけることで、運動の楽しさや喜びが広がるのである。

以上のことから、「知・徳・体」を育む授業づくりとして、発達段階・学習段階に応じた3年間を見通した発

展的な授業づくりを提案する。以下、具体的な授業づくり（基本的な考え方）を例示（中・高共通）していく（**表3**）。

３年間を見通した特色ある年間指導計画の作成（運動領域・種目の継続的・発展的な学びの重点化）は、生徒にとって魅力ある授業展開となり、体育に対する期待と関心・意欲を高めることができる。すなわち、３年間を見通した年間指導計画の作成→単元計画（学習の道筋）の作成→指導と評価の計画の作成という一貫性のある計画に基づいた実践こそが授業づくりの要となる。学校種や学年が進行するにもかかわらず、授業展開の仕方が変わらないという現状から脱却しなければならない。

要は、中学校（高等学校）を卒業するまでに、その学校で取り扱う運動領域・種目において、めざす目標、ゴールはどこかを明示することである。水泳を例にとれば、１年生に対し、「本校では、３年生になったら全員が１００ｍを個人メドレーで完泳するぞ。１００ｍ個人メドレーがゴールの姿だ！」と宣言することによって、１年生の覚悟はできるし、チャレンジしていく意欲を喚起することができる。苦手な泳法があれば、仲間にそのこつを聞き、泳力を高めるため授業以外の時間にも自ら努力するかもしれない。着実に泳ぐ力が高まっていけば、自信にもなり有能感を高めることができる。体力もついてくる。単に泳法を身につけることや一定の距離を速く泳がせて体力を高めることだけが水泳の授業ではない。３年生でクラスの全員が１００ｍ個人メドレーを完泳できたときは、みんな笑顔で大きな拍手が自然にわき起こる（福岡県のある市立中学校での実際の例）。まさに水泳の授業を通して、すべての生徒に「生きる力」としての「知・徳・体」を育むことができた証拠である。こうなると、体育の授業はクラス経営にも大きく貢献するものだということが確信できる。

表3　3年間を見通して「知・徳・体」を育む発展的な授業づくりの例示

①陸上競技, 水泳, 武道

達成型と競争型の2つの楽しさや喜びを味わうことができる領域・種目の場合

学年	内容	型
第1学年（1年次）	学習指導要領解説に示された動き・技能を習得する喜びや自己の目標記録を達成する喜びを味わうことをめざした授業づくり	達成型
第2学年（2年次）	学習指導要領解説に示された動き・技能を習得する喜びや自己の目標記録を達成する喜びと, 勝敗を競うことの楽しさや喜びを味わうことをめざした授業づくり	達成型と競争型
第3学年（3年次）	勝敗を競う楽しさや喜びを味わうことをめざした授業づくり ・仲間同士の教え合いや学び合いが否応なく高まる。 ・チーム編成は重要な課題となる。	競争型

②球技

典型的な競争型ではあるが, 達成型を加味した場合

学年	内容	型
第1学年（1年次）	勝敗ではなく, 習得した技能（ボール等の操作とボールを持たないときの動き）を活用して攻防（ラリー）を楽しむことをめざした授業づくり ・得点板は不要。得点板を用いるから勝敗にこだわる。	達成型
第2学年（2年次）	習得した技能（ボール等の操作とボールを持たないときの動き）を活用して,「リーグ戦」や「トーナメント戦（敗者復活あり）」で勝敗を競う楽しさや喜びを味わうことをめざした授業づくり	競争型（リーグ戦）
第3学年（3年次）	「特定のチームとの対抗戦」で勝敗を競う楽しさや喜びを味わうことをめざした授業づくり ・対抗戦をおこなうことから, 戦術を活用して作戦を考える力を高めることができる。 ・ルールの工夫とチーム編成は重要な課題となる。	競争型（特定のチームとの対抗戦）

③器械運動

典型的な達成型ではあるが，表現型を加味した場合

第1学年（1年次）	学習指導要領解説に示された基本的な技や発展技に取り組み，技ができた喜びを味わうことをめざした授業づくり ・できる技で演技を構成し，発表する楽しさや喜びを味わうこともできる。	達成型（個人演技）
第2学年（2年次）	学習指導要領解説に示された基本的な技や発展技に取り組み，技ができた喜びを味わうことと，集団で演技を構成し発表することの楽しさや喜びを味わうことをめざした授業づくり	達成型と表現型
第3学年（3年次）	集団で演技を構成し，発表する楽しさや喜びを味わうことをめざした授業づくり ・仲間同士の教え合いや学び合いが否応なく高まる。	表現型（集団演技）

④水泳

泳法との関係から，典型的な達成型とする場合（「速さ」を求めない例）

第1学年（1年次）	学習指導要領解説に示された「複数の泳法」で，一定の距離を泳ぐ楽しさや喜びを味わうことをめざした授業づくり	達成型
第2学年（2年次）	学習指導要領解説に示された「4つの泳法」で，一定の距離を泳ぐ楽しさや喜びを味わうことをめざした授業づくり	達成型
第3学年（3年次）	「個人メドレー」で，一定の距離を泳ぐ楽しさや喜びを味わうことをめざした授業づくりなど。 ・3年間の見通しをもたせた指導となり，安易な見学者はいなくなる。	達成型

⑤ダンス

典型的な表現型ではあるが，競争型を加味した場合

第1学年（1年次）	現代的なリズムのダンスでリズムにのって全身で自由に踊ったり，創作ダンスで即興表現で動きに変化をつけて踊ったりする楽しさや喜びを味わうことをめざした授業づくり	表現型
第2学年（2年次）	現代的なリズムのダンスでリズムの特徴を捉え，変化とまとまりをつけて踊ったり，創作ダンスでイメージを捉え，変化のあるひとまとまりの表現にして踊ったりする楽しさや喜びを味わうことをめざした授業づくり	表現型
第3学年（3年次）	○○賞の授与等による“表現を競い合う”ことの楽しさを味わうことをめざした授業づくり ・外的な動機づけではあるが，意欲が否応なく高まる。	競争型を加味した表現型

3 「体力の向上」から気力・知力の充実に取り組む

「健やかな体」を育むにあたっては、やはり「体力の向上」は不易の論理として、避けられない課題である。ほかの教科ではなしえない目標であるからこそ、戦後一貫して、常に重要な位置を占めている。

ところがその体力が、ピークだった1985（昭和60）年から低下傾向をたどり、歯止めがきかない状況が生まれた。それを放置してはおけないとして、学習指導要領はもとより、2012（平成24）年に定めたスポーツ基本計画で、今後10年以内に1985年ごろの水準を上まわることを目標にするなど、国の施策等にも反映された。その結果、ここ数年、おおむね歯止めがかかり、一部上昇傾向になってきたが、過去のピーク時にはまだまだ及ばない。

なぜ体力の低下傾向に歯止めをかける必要があるのか、考えてみたい。

どこへ出かけるにしても自家用車、出かけた先はエレベーターやエスカレーターに動く歩道、電化された快適な生活空間、力を必要とする場面や体を動かす機会の少ない生活で、次第に、このような便利な世の中ではそれほど体力を必要とはしないという意識が高まっている。また、「いざという時」のために体力を高めるということが、生活の実態から「ぴんとこない」「運動をするのもかったるい」

などとする見方もうかがえる。はたしてそれでよいか。子どもたちや保護者に体力の必要性を訴えるためには、単に筋力、持久力、背筋力などの要素に着目するのではなく、体力をどのように捉えるかが重要なポイントであることを理解してもらう必要がある。

２０００（平成12）年９月、文部省がスポーツ振興基本計画を策定したなかで、体力を初めて「人間力の重要な要素」と捉えた。つまり、「人間が発達・成長し、創造的な活動を行っていくために必要不可欠なものであり、『人間力』の重要な要素である」としたうえで、子どもの体力について、「スポーツの振興を通じ、その低下傾向に歯止めをかけ、上昇傾向に転ずることを目指す」とした。体力を単に筋力など要素として捉えるのではなく、「創造的な活動」に必要不可欠なもの、「人間力の重要な要素」としていることに着目する必要がある。このスポーツ振興基本計画における体力の捉え方は、これまでの体力要素に重きがあった見方・考え方を大きく変えたと言うことができる。

さらに、２００８（平成20）年の中教審答申では、「体力は、人間の活動の源であり、健康の維持のほか、意欲や気力といった精神面の充実に大きくかかわっており、『生きる力』の重要な要素である」と強調している。つまり、体力は「意欲や気力」と密接に関わっていることを明確にした。

各学校現場はこのような体力の捉え方を共通理解し、日頃の教育活動に、体育の授業に生かしていかなければならない。子どもたちの、保護者の意識を啓発していかなければならない。学校に任された務めである。

私自身もこれまで、学校現場での経験や教育行政の立場から、この重要な課題について考えてきた。私なりの見方・考え方を述べたい。

図8のように、「体力の低下傾向は気力の低下傾向を招く、気力の低下傾向は知力の低下傾向を招く、知力の低下傾向はさらなる体力の低下傾向を招く」と私は考える。つまり、体力がないからがんばれない、がんばるためには意欲や気力が必要、がんばれないから体力がつかない、意欲や気力が萎えてくる。意欲や気力がなければ勉学にも励むことはできない、勉学をおろそかにしていると知識・技能の習得・向上ができない、自信がないと積極的な行動にならない、多様な学習経験が乏しくなる、生きるための知力が乏しくなる。知力が乏しいから体力を高める必要性を考えなくなる。このような悪循環に陥っている子どもたちが少なくないのではないか。

悪循環に陥っている子どもたちをどのようにして好循環させていくかは重要な課題であり、解決のために教育行政および学校現場では、気力や知力の充実に向けて、次のような取り組みがなされている。すなわち、気力に関しては、学校へのカウンセラーの配置や教育相談窓口の充実、教員のカウンセリングマインド**(注11)**による指導力の向上等、知力については、児童生徒の実態に応じた指導や校内研修等の充実、個に応じた指導、放課後や土曜日の補習授業等である。

しかし、気力・知力の向上には本人の努力、しかも相当期間の努力が必要であり、成果を得るのはそう容易ではない。その一方で、体力は、比較的短い期間でそれなりに成果が上がった、力がついて

図8　体力低下傾向に伴う悪循環

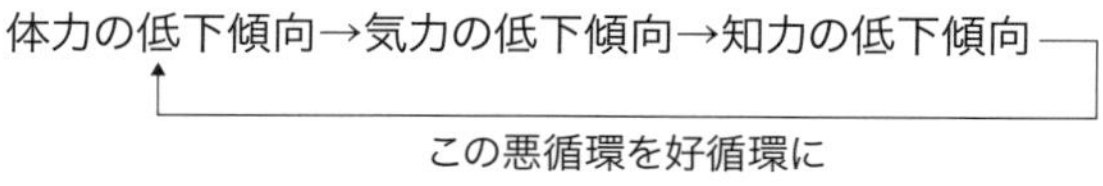

体力の低下傾向→気力の低下傾向→知力の低下傾向
（この悪循環を好循環に）

きたなど、子ども自身が手応えを感じとりやすい。「体力の低下傾向↓気力の低下傾向↓知力の低下傾向」という悪循環を好循環にするための具体的な手立て、つまり「切り口」として「体力」に着目すると効果的と考える。

体育分野での工夫について、具体的に考えてみよう。例えば、体つくり運動の「体力を高める運動」で、目標とする心拍数を計算する場合、最大酸素摂取量の60％の運動強度では、『(最高心拍数－安静時心拍数)×0・6＋安静時心拍数』で算出(最高心拍数は220－年齢)できる。陸上競技で走り高跳びの目標記録を算出する場合には、『0・5×身長(cm)－10×(50m走sec)＋120』で算出できる(注12)。このように、目標とする心拍数や記録を科学的に立証された計算式で割り出し、その目標の実現をめざすことができるようにする。球技などでは、チームの一員であることを自覚させるとともに、その生徒の個性を生かした作戦を立ててのゲーム展開を指導し、自己やチームの課題を達成することができるようにする。また、運動部の活動に参画させ、仲間とともに体を動かす楽しさや喜びを味わうことができるような手立てを講じていく。

このような工夫によって、心地よい疲労感からまっすぐ自宅に戻り、しっかりと夕食を摂る。夜遊びをすることもなく睡眠時間を確保することができる。睡眠が十分とれているから朝食をしっかり食べて学校に出かけていく。規則正しい生活習慣が身につき、朝1時間目の授業も寝ることなく聞いている。聞いているから授業がわかる、できるようにもなる。少しずつ自信も湧いてくる。「そう簡単なことではない」との声を承知しながらも、あえて述べている。なぜならば、生徒指導上の困難校に着任したある高等学校の校長が、生徒全員を運動部活動に強制的に入部させるとともに、全教職員に、自分なりの特技を生かして、毎日少しの時間でもよいから生徒とともに活動することを求めた事例、すなわち、「体力」という切り口から取り組み、見事に学校を立ち直らせた実例を私は知っているからである。「体力の向上↓気力の充実↓知力の向上↓さらなる体力の向上」という好循環を実証したのである。

4 動機づけによって児童生徒の自主性を育てる

「進んで学ぶ児童生徒の育成」、これは学校教育にとって永遠の課題である。児童生徒の実態は多様であるから、いつも同じようにはいかない。同学年でありながらもクラスによって、うまくいったりいかなかったりする。しかし、児童生徒の自主性を育む基本原則は確かに存在する。このことについて以下考えていく。

人が自発的に行動を起こすために必要なことは、動機づけである。動機づけに有効な方法には、①学習の目的・目標を理解させる、②能力に合った課題を与える、③成功体験をさせる、④褒めることと叱ることのバランスをとる、⑤競争・協働の意識が生まれるようなグループ活動など学習場面を工夫する、⑥発表の機会を与える、⑦学習結果を知らせるなどがある。

②の「能力に合った課題を与える」ことに関連して「効力予期」と「結果予期」について触れる。効力予期とは、この目標だったら自分にもできる、チャレンジできるという意識であり、人は動き始める。しかし、その目標が高すぎると行動に移さない。結果予期とは何回かチャレンジして失敗しながらも、もう少しがんばれば自分にもできる・できるはずだという意識であり、果敢に挑戦し続ける。結果として目標を達成することができる。

このように効力予期と結果予期が高くないと人は動かない（注13）。体育授業で、例えば跳び箱運動を考えるとよい。全員に5段の開脚跳びを課したとしても、怖くて走り出せない子どももいる。個に応じた指導の工夫や習熟度別の指導の工夫は、この理論に照らしても絶対的に必要なことである。

さらに、子どもたち自身が自分の行動は自分で決める、いかにやるかは自分で決めるという自己決定と、努力していることが報われているんだという有能感が自主性につながる。例えば、器械運動には多くの技があるが、いくつかの技のなかから自分で目標とする技を選ぶ、そして自分なりの課題とやり方を決め、チャレンジしていく。このとき学習ノートはきわめて有効に働く。自分の行動を冷静に振り返ることができ、自分の目標や課題を達成できたときの喜びを増幅させる。体育の授業では鉛筆とノートは必需品である。

そして最後がソーシャルサポートである。教師が、親が、周りの人が、社会が「よくやっている」「がんばっている」とサポートしてやることである。ここでも褒めることと叱ることとのバランスが大切となる。周りの人の励ましの一言に勇気づけられた経験は誰にもあるものである。

こう考えていくと、進んで学ぶ子どもたちを育てるということはそう難しいことではない。上記のような見方・考え方を踏まえて、真摯に子どもたちに向き合って授業づくりに励めば、自ずとみんなの笑顔に出会える。

5 授業づくりと評価を一体的に進める

学習評価の観点については、次期学習指導要領改訂に向けた中教審教育課程企画特別部会の「論点整理」（平成27年8月）で、育てるべき資質・能力の「3つの柱」として、①「知識・技能」、②「思考力・判断力・表現力等」、③「学びに向かう力、人間性等」をあげていることから、評価の観点についてもそれとの整合性が求められるであろう。ただし、体育の場合は、評価の観点として「知識」と「技能」を1つにくることはできないと考えるが、いかがであろうか。教科の特性に留意していく必要がある。

いずれにしても、学習評価を踏まえた授業づくりはきわめて重要なことであることから、現行における今日的な課題を踏まえつつ、授業づくりと評価の関係性について述べていく。

(1) 授業のPDCAサイクルを再確認

指導したことを適時・適切に評価していくことは、教師の重要な仕事である。児童生徒はもとより、保護者の関心は当然のことながら高いものがあるから、誰もが納得のいく評価を心がけなければならない。

指導と評価を一体的におこなっていくにあたっては、**図9**のように、教科固有の目標等を分析的に研究し、子どもたちの実態に応じた教材研究を踏まえ、授業づくりの構想を練り上げることがもっとも大切なところである（Ｐｌａｎ）。教育は意図的かつ計画的におこなわれることが肝要と言われるように、ねらい、指導すべき内容と方法を明確にした単元計画を作成し、児童生徒に提示したうえで指導することが子どもたちの自主的・主体的な学習活動につながる（Ｄｏ）。その際、教員がいつ、どの場面で、どのような観点で、どのような規準で評価しようとするのかを明確にした評価の計画表を提示することが効果的である。それにより、教員は目標の実現状況を、子どもたちは学習課題の達成状況を把握できる（Ｃｈｅｃｋ）。そして、学習の道筋に沿って適切に評価された結果を見ながら、教員は新たな課題に向かって指導を進めたり、必要に応じて指導方法を改善したり、目標・計画や評価規準を見直したりする（Ａｃｔｉｏｎ）。このように確認・修正しながら授業を展開することが大

図9　指導と評価の一体化

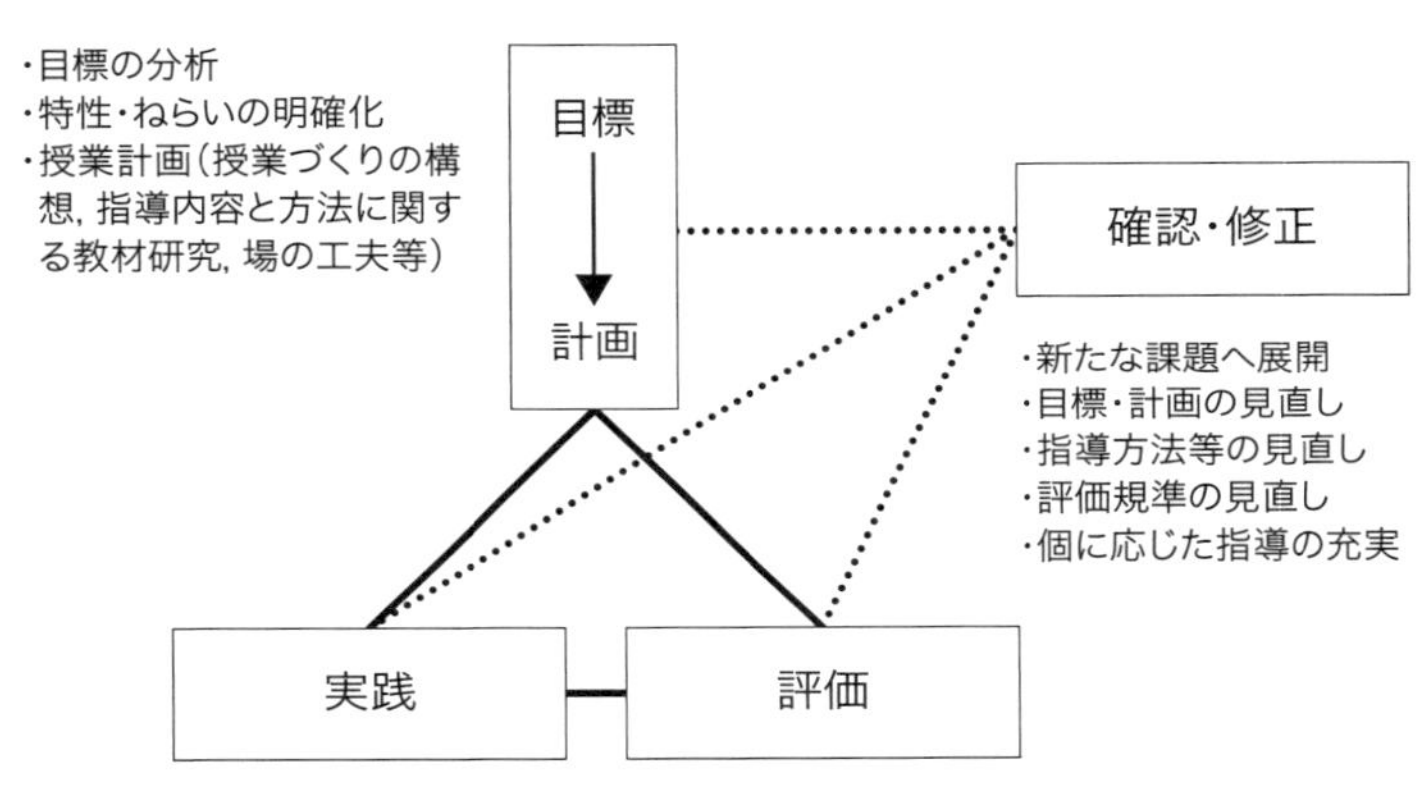

切である（PDCAサイクルの実施）。

加えて、評価は何のためにあるのか、単に評定のためではなく、誰もが基礎的・基本的な知識や技能を身につけることができるよう、評価結果を指導に生かしていくものであることを理解できるように、教員は児童生徒および保護者にしっかりと説明することが肝要である。「えこひいき」という声がなくならないのは、指導と評価の計画を提示しないし、説明もしないからである。

なお、学習指導に生かす評価規準の作成とその手順の例を以下に記す。

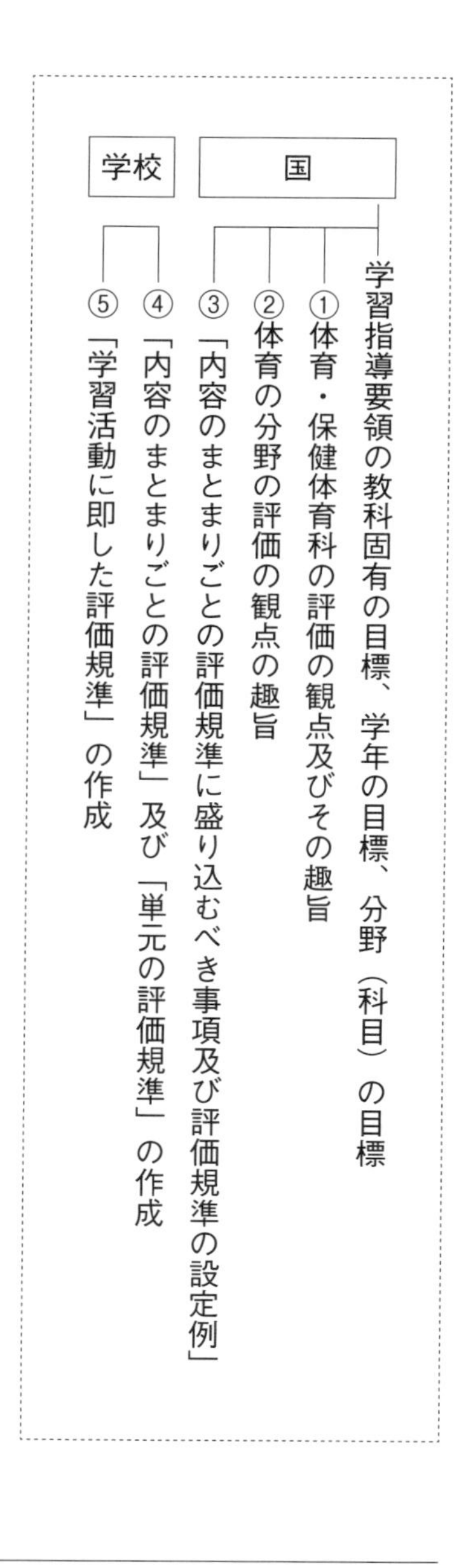

国立教育政策研究所（以下、国研）から示されている評価規準はあくまでも設定例であり、各学校はそれぞれの実態等に応じて実践的に精度を高めていく必要がある。

(2) 評価規準は形だけ整えればよしとしていないか

1つの授業をつくるにあたっては、相当の手順があり、専門的な知識と経験等が必要である。一人ひとりの教員が指導と評価の一体化についてしっかり学ぶと同時に、教科の教員全員、学校の教員全員が、校内研修等でその知識と経験を共有することが児童生徒や保護者に対する責任であり、学校教育への信頼を高めることとなる。

研究授業や公開授業では多くの資料が提供され、短時間で読みとるのが難しいことがしばしばである。そのようなとき私は、本時の評価規準と単元の評価規準をまず見ることにしている。なぜかと言えば、その記述で児童生徒に本時でどんな力をつけさせようとしているのか、その単元を通してどのような学力を身につけさせようとしているのかがわかるからである。

そのような視点で見ると、時に、本時の目標や単元の目標との不一致を発見することがある。つまり、指導と評価の計画が一貫したものとはなっていない。目標を立て、指導内容を工夫し、どのような評価規準をあてはめていこうかというプロセスが一貫したものになっていない。残念なことである。単元の目標から立てていくのが手順ではあるが、場合によっては、1授業時間ごとにどんな力を身につけさせるか、その考え方を先行させ、全体を調整していくのもよいと考える。個から全体に、全体から個に、フィードバックするとよい。

国研の評価規準の例を丸写しにしているような現実はないか、改めて校内研修等で確認してほしい。

(3)「指導と評価の計画」を教育委員会に提出することでよしとしてはいないか

よく聞く話がある。それは「指導と評価の計画」は教育委員会が提出を求めるから書いて出しているだけで、普段の授業で使ってはいないし、書棚に入れて、年に1回書き直せばよいほうだという声である。一部とは思うが、まさに形骸化している実態がある。これでは授業の改善にはならないし、児童生徒の学びの保証にもならない。

前述のＰＤＣＡサイクルの実施、「単元の指導と評価の計画」作成、「評価規準」の設定等に学校が組織をあげて取り組み、授業の実践を通してさらに必要な見直しを適時におこなうことはあたり前のことである。このあたり前の活動を通して、個々の教員の力が高まっていく。一部とはいえ、教育委員会が言うから作成しているとの思いは、無責任極まる。「教育は人なり」この原点を決して忘れてはならない。

注11　非専門家ではあるが、相手の立場に立って共感的に相手の気持ちや行動を理解しようとするなど、カウンセリング的に人と関わろうとする人がもつべき態度や考え、心がけ。

注12　杉山重利他（2001）『中学校体育の授業』上巻、大修館書店

注13　アメリカで活躍したカナダ人心理学者のアルバート・バンデューラによるセルフ・エフィカシー（self-efficacy：自己効力感）

コラム

中教審答申にあった「身体能力」はどこに？

２００８（平成20）年1月の中央教育審議会答申において、改善の基本方針として体育では、「体を動かすことが、身体能力を身に付けるとともに、（中略）、それぞれの運動が有する特性や魅力に応じて、基礎的な身体能力や知識を身に付け、（以下略）」と示された。「健やかな体を育む教育の在り方に関する専門部会（略して「健やか部会」）」で特に議論され、答申の内容に盛り込まれた表現である。

健やか部会では技能と体力を合わせて「身体能力」という捉え方をしたが、そうであるならば、体育の分野の目標である「体力の向上を図り」や「技能を身に付け」といった文言を前後の文脈からどのように調整するのか、整合性がとれるのかという疑問が私には生じた。

確かに、競技スポーツなどでは「身体能力が高い選手」などと表現されることが多いが、それは、心・技・体を兼ね備えているからなのか、知識や思考・判断との関わりはないのかなど、さまざまに議論した結果、学習指導要領解説には、保健体育科の改善の基本方針として示されるのみで、それ以外のところでは「身体能力」という文言はなく、従前のように「技能」と「体力」を分けた表記に留まっている。

専門用語をどのように押さえるのか、そう易しい問題ではない。

第4章 学校体育の現場を支える人材の重要性

要旨

「知・徳・体」を育む体育の授業づくりの現場でもっとも必要とされていることは、人材の育成である。自分自身の保健体育科教員としての経験、指導主事・教科調査官・体育官という教育行政に携わった経験、教員養成大学の教官として感じる課題と学生の声、そして、今日の学校体育・スポーツの現状と課題等から、いかに人材の育成が急務かということを痛感している。ことに、先輩の教員が残してきたよい授業、すばらしい授業づくりの実績を引き継ぎ、発展させ、さらに若手を育てていく立場である中堅教員の育成である。中堅教員の育成、そして、そのリーダーたる指導主事と教科調査官の位置づけやおもな仕事について、人材育成の視点から考えていく。

加えて、人材を育成するために欠かせない研究・研修制度について、行政上の問題や学校現場における課題にも触れていく。

1　出会いがもたらす貴重な経験

(1) 高校教員として

① 生徒との出会いから

ここで少し、高校の保健体育科教員としての自分自身の経験談を紹介していきたい。
私の教員生活は、1970（昭和45）年4月に新規採用教員として赴任した和歌山県立桐蔭高校からスタートしている。私が教職に就く決心をしたのは、4週間の教育実習があったからである。生徒たちが、教育実習生にもかかわらず、現職の先生方と同じような姿勢・態度で対応してくれる気持ちを感じることができた。私のつたない授業に対しても真摯に向き合ってくれるだけでなく、クラスの仲間とともに授業を盛り上げようとしてくれる姿勢にも感動を覚えた。こうして、人と人が関わり合う教職のすばらしさを、身をもって体験できたことが大きかった。

希望に燃えて高校教員という職に就いたのだったが、今から振り返ると、反省すべきことは多い。保健体育の授業よりは、翌年に開催が決まっていた和歌山国体柔道競技のための部活動指導に重きがあった。体育では柔道の授業を中心に担当したが、若さに任せて「柔道を教えていた」。だから、「柔道を通して生徒にどんな力を身につけさせるのか」という考えは、ほとんどなかった。意識もしていなかったのではないだろうか。自分の得意な柔道を生徒に教えたい、部活動でも柔道部員を強くしたいという思いのみが先行していた。したがって、授業内容も教師主導で技術中心の画一一斉指導だった。この当時は体力向上をめざした授業づくりが主であったとはいえ、すべてにおいて若かったのである。

また、新採の年度に、インターハイ(注14)の開会式のために体育の授業でおこなった集団演技の指導でも、生徒たちから学ばされることが多かった。私たち指導者は、「全国持ちまわりだから47年に一度しかめぐってこないインターハイという機会を生徒に経験してもらいたい、その感動を味わってほしい」という思いが強く、一生懸命に指導をした。しかし、当初は生徒の意欲が低く、集団演技の指導は苦労した。何度も何度も同じ練習を繰り返すことで、飽きてしまっていたのだった。ところが、本番が近づくにしたがって、生徒は驚くほど意欲的になっていき、本番では立派に演技をしてくれた。これで学んだことは、「生徒はいざというときはやるもんだ」ということである。

1974(昭和49)年に東京都立国立(くにたち)高校に転勤した。この学校では、1年次と2年次は年間を通して週1回の柔道が必修であった。1年次から2年次になると生徒たちの技能レベルは相当高くなった。2年次の3学期には、柔道授業のまとめとしてクラス対抗柔道大会を学年行事として開催したが、大変な盛り上がりであった。こうしたことから、柔道部員以外の生徒も、毎年寒稽古に参加するようになり、十余名が初段を取るほどまでに技能と関心・意欲を高めることができたのである。今でもその当時の熱い思いがよみがえってくるが、これも生徒たちは「いざとなったらやるもんだ」と思わせてくれた出来事であった。

②教育研究員になって

1980（昭和55）年度には、授業づくりの実践的研究に携わることができた。それは、東京都教育委員会（以下、都教委）が主催する「教育研究員制度」で、研究主題は「生徒の実態に即応した保健体育の指導の工夫～ハンドボール・心身の機能、健康と環境～」だった。

月1回の研究協議に加え、研究員相互の自主的な研究会でも真剣な意見交換をおこない、学び合うという制度である。研究主題をどのように捉え、どのような内容や方法で授業展開をするか、検証のための授業をどのように計画立てるか、その成果と課題は何か等について追究する。

8月には2泊3日で東京都青梅市にある御岳山宿坊での宿泊研修会も設けられ、そこではよく学び、よく語り、よく飲んだ。都・区・市の指導主事も数多く参加しており、研究員が4月から積み重ねてきた研究を根底から覆されることもあった。改めて、指導主事の力を見せつけられたときである。

「研究主題の捉え方が甘いから、授業展開の内容と方法が違ってくる」「そうなると仮説は検証できない」「根本原因は、学習指導要領の読みとり方が甘いからだ」という鋭い指摘である。『納得のいく』指導・助言を受けて、宿坊を下りてから改めて研究を練り直すということになった。

このような経過を経て、研究の内容と方法を学び、人間関係も一気に深まった。今思えば、この経験はきわめて大きな財産であった。

この教育研究員を経験してもっとも私が変わったことは、次の3点だった。

①授業のありように関する見方・考え方

②指導計画の立て方

③授業中、自分が発する言葉の使い方

まず、それまでの、柔道の技能を教え、それがどの程度身についたのかを評価するという見方・考え方から、技能だけではなく、柔道を通してどのような力を身につけさせることができたのかを考えるようになり、授業観が大きく変わった。

そして、指導計画の作成にあたっては、しっかり考えて目標を立て、その目標と授業の内容・展開とが一貫したものになるよう留意するようにした。さらには、展開の仕方をいっそう工夫するようになった。

また、生徒を「お前」「お前たち」などと叱り飛ばすことが少なくなり、丁寧な言葉が使えるようになった。さらには、説明の仕方が明快になっていった。その根底には、学習指導要領および解説の読みとりが深くなったことがある。「なるほどそう考えるのか」「こうすればよいのか」などの気づきがあった。

これらのことにより、生徒が明るい顔で授業に臨むように変わった。関心・意欲が高まってきたことは明らかだった。

生徒の真摯な態度との出会い、体育の授業をよりよくしようと熱意ある研究員や指導主事との出会いがもたらしてくれた経験が、私の高校教員時代の宝である。多くのことを学ばせていただいた。

(2) 教育行政に携わって

① 初めての指導主事 ～市教育委員会～

1986(昭和61)年4月、私は初めて指導主事として東京都の多摩地区にある青梅市教育委員会(以下、青梅市教委)に着任した。着任した年の4~5月は、「学校に戻してくれ」という言葉を何度飲み込んできたことか。高等学校の保健体育教諭だった者が、小学校18校と中学校10校を管轄する教育委員会の指導主事として着任したのであるから、戸惑うことが多々あった。

そこでのおもな業務は、校長会・教頭会・教務主任会等の各種主任会への出席、各学校の教育課程の編成・実施に関する指導・助言と受理。さらには議会対応、現職教員対象の各種研修会の企画・運営。加えて校内研修会の指導・助言、生徒指導上の警察署少年課等関係機関との連携、事故対応、各種調査の実施や回答、教科書採択に係る業務、就学相談などである。実に多様な業務をこなしていた。

なかでも、新規採用教員対象の初任者研修の試行および先行研究には多くの労力を費やした。文部省および都教委から青梅市教委が指定され、2年間にわたって実践的研究をおこなって、その成果と課題を都と文部省に報告した。この実践研究が、現在では法的に定着している初任者研修の内容と方法の礎になったと考える。

さらに当時は、文部省、自治省、外務省の3省合同で国の国際交流事業（ＪＥＴプログラム）である外国語指導助手（注15）を導入する画期的な事業が、初めて制度化された時代であった。青梅市教委は真っ先に手をあげ導入を図ったのである。外国語の教員が勤務を終えたあと市教委に集まり、その外国語指導助手を中心に英会話に励む姿は貴重なものであった。このＪＥＴプログラムは、今や小学校の英語教育を強化するために、さらに充実を図る動きとなっている。

今思えば、高校の保健体育の一教員であった者が、さまざまな業務を通して学んだことは何物にも代え難い。特に印象に残っているのは、児童生徒の立場からすれば12年間は連続しているにもかかわらず、教育は学校種ごとに分断されていることに改めて気づかされた点だ。学校種を超えた教員間の連携は不十分であり、相互不信も強いものがあった。

そこで、小学校と中学校の交流をいっそう充実させるとともに、中学校と高校の交流を初めて実現させた。また、各教科に関する研修会等に招かれたときには、教科の特性を踏まえつつ、小・中・高一貫した立場で指導・助言に努めてきた。

このように、学校経営や各教科等に関わる専門的な指導・助言等について、まさにオンザジョブトレーニングで学ぶことができたのは、私にとって大きな財産となった。専門とする保健体育に関する仕事量は10％にも満たなかった。であるからこそ学校教育に関する縦糸と横糸の関係を学ぶことができた。小・中・高の12年間を一貫する教育内容と指導の工夫、学校種を超えた人的交流を深めるのが縦糸、小学校相互が抱える課題、中学校相互が抱える課題や特色ある教育活動に関する情報交換と情報を共有し合うのが横糸である。

教育行政の現実や今後のあり方を学ぶことができた貴重な時間であった。

教育行政のありようを学ぶことができた、もう1つの組織をあげておきたい。それは、東京都の多摩地区26市に配属されている指導主事の任意団体（注16）である東京都市指導主事会である。それぞれの地域で抱える課題をもち寄って、意見交換、情報交換をおこなっていた。月1～2回の開催であったが、その活動を通じて、指導主事としての資質・能力が育てられた。

特に、学習指導要領改訂に関連して貴重な情報を得る機会となっていた。都道府県教育委員会の指導主事は、改訂の経緯やおもな改善点とその理由等について、文部省の教科調査官等から直接話を聞く機会があり、関係資料等も得ることができる。しかし、区市教育委員会（教育事務所の指導主事もほぼ同じと考えてよい）の指導主事は、都（県）教委を経由して伝達を受ける。それが我が国の教育行政上の仕組みである。実は、ここに決定的な情報不足が生じてくるのだ。直接的に解説を聞くのと間接的に伝達されるのとでは、大きな違いがある。

指導主事のなかには、国の情報をすべて伝えることなく、一部を独占し自己の立場を誇示する人もいるという指摘もあり、伝える人によって情報の軽重やニュアンスに違いが出てくることが否めない。必ずしも話が十分に伝わっているとは言えないのが現実である。それらを補う場として、前述の指導主事会はきわめて有効であった。加えて、単に情報交換や意見交換だけではなく、毎年度、研究テーマを設け、その研究の成果や課題を冊子にまとめ、発表会を催していたこともよい学びであった。

②教育事務所勤務　～地区を統轄する教育事務所～

その後、東京都多摩教育事務所指導課に異動・着任したのが1990（平成2）年4月である。多摩地区26市6町村教委（現26市4町村）を管轄する教育事務所である。したがって、都教委の教育行政施策を26市6町村教委に、指示・伝達し、趣旨の徹底と支援をしていくこと、そして、必要に応じて指導・助言していくことがおもな仕事である。

多摩教育事務所では、独自に教育課題に関する研究テーマを設け、実践的研究を通して研究委員である教員の資質・能力の向上に取り組んでいた。ここでの私のおもな担当は、26市のうちの3市と東京都から指導主事派遣のない西多摩6町村教委の支援をすることであった。青梅市教委の経験を踏まえ、それぞれの課題への対応を心がけた。印象に残っているのは、各学校の教育課程編成・実施に関する指導・助言と受理行為をおこなうときに、町教委の教育長（学校現場の経験がない行政職の方）が私の隣に座ってすべてを聞きとりながら、教育課程とは何なのか、教育課程届の受理行為とは単なる受け取りではなく、必要に応じて適切な指導・助言、指示・命令をすることなどをしっかり学びとられていた姿である。都から派遣された指導主事に丸投げすることなく、自己の立場を責任もって対応しようとされる姿に敬服した。

表4に掲げるのは、1990（平成2）年4月2日付の「東京都多摩教育事務所指導主事の心得」である。時は移っても変わらぬ心得だと考える。

③教育庁へ異動　～都道府県教育庁～

1992（平成4）年4月、東京都教育庁体育健康指導課指導主事として異動し着任した。教育行政の指導主事として6年間の経験があってこそのものである。もし、学校現場から直接都教委の指導主事に着任していたらと考えると、ぞっとする。

しかし、正直言えば、ここで仕事をしたかったからこそ指導主事になったのだという思いは強かった。ともかく、青梅市教委と多摩教育事務所指導主事の立場で、多様な業務と立場の違いを学んだことは実に幸いであった。

都教委指導主事としての立場は、都内すべての区市町村教委に影響を及ぼす。であるからこそ、これまで以上に的確、慎重かつ迅速な対応が求められる。

ここでのおもな仕事は、次の2つだった。

①健康教育の指導に関すること

②体育ならびに保健体育の教育課程および指導に関すること

表4　東京都多摩教育事務所指導主事の心得

1　都教委の指導主事としての自覚と職務の遂行

⑴都教委の教育目標, 教育課題の具現化を図る。
⑵市町村教委との連携を強化し, 信頼関係を確立する。
⑶当面する教育課題の的確な把握をする。
⑷一般訪問, 指導訪問等には, 十分な準備をもってのぞむ。
⑸指導主事として「先を見て, 全体を見て, 本質を見て」行動し, 対応する。
⑹職務中はもちろん, 職場を離れても, 言動には十分留意する。

2　組織として, チームプレーで職務の遂行

⑴気持ちのよい挨拶と応対をする。

⑵担当事務は責任をもって遂行し, 他者には常に協力・援助を惜しまない。

⑶予算を伴うものについては, 立案の段階で管理課担当者と必ず十分な相談をする。

⑷早めに先任, 主任, 課長に自分の案をもって相談し, 課会に提案し検討する。

⑸原稿, 校正等は, 自分の目だけでなく, 他者の目を必ず通す。
　＊文章, 数字, 固有名詞には特に注意する。
⑹常に, 「報告」「連絡」「相談」を忘れない。

3　電話の応対への配慮

⑴メモを必ずとり, 相手を確認する。
⑵課長が対応することと, 指導主事が対応すべきことを区別する。
⑶目前の電話が鳴ったら, まず自分がとるという自覚をもつ。
⑷推測でものを言わない。担当に内容等を確認してから回答する。
⑸電話中は, 周りの私語は十分気を付ける。

4　事故の対応

⑴事故の対応は地区担当が責任をもって行う。
　＊場合によっては, 日直が一報を処理する。この場合, 日直と地区担当の連携とフォローを確実にする。
⑵事故の内容, 緊急性, 重大さ, 発展性の判断を的確に行うとともに, 必要な助言をする。

⑶事後の状況の把握と市町村教委への助言を忘れない。

⑷事故報告書についての助言をする。

⑸情報は常に集約・整理し, 共有化を図る。

さらにこれらに関する議会対応がある。もとより文部省（特に体育局体育課）との連絡調整がある。ともかく、初めて私の専門とする体育行政が中心となった。

私の授業づくりに対する考え方は、すでに大きく変わっていた。先述したように学校現場にいたときは、柔道の技能を身につけさせ、運動量を確保し、体力向上を図ってきた。「柔道を教えて」きた。同窓の柔道仲間との実践研究（「高校柔道研究きさらぎ会」）を踏まえて、指導の工夫はいろいろおこなってはいたものの、中心はやはり教師主導の画一一斉指導であったことは否めない。

時代は生涯スポーツの基礎づくりということで、「運動の楽しさ」が強調された授業づくりがめざされていたが、私自身は、「技能を習得・向上させなければ柔道は楽しくないし、体力を向上させることもできない」という考え方がまだまだ強かった。生涯スポーツを標榜するからといって、単に楽しければよいというものではないという考えであった。

しかし、やがて技能だけではなく、むしろ関心や意欲などの情意領域に関わるアプローチこそが必要であるということに気づく。それぞれの技能レベルで運動やスポーツの楽しさや喜びを味わうことができるようにすることが、むしろ重要であるという気づきである。つまり、「柔道で何を教えるのか」「柔道を通してどのような力を身につけさせるか」ということこそが問われるのだとわかったのである。

ここにたどり着いたのは、東京都教育研究員の経験に加え、青梅市教委や多摩教育事務所等で体育・スポーツだけではなく、学習指導要領の基本的な考え方、他教科等の教育実践における指導の工夫と考え方を学び、また、生徒間暴力や対教師暴力で学校が荒れるなど、学校教育の現状と課題等から、具体的な対策を考えていった結果である。

私は都教委の指導主事として、前述の東京都教育研究員と東京都教育開発委員会を担当することとなった。前者は、研究テーマと仮説に基づき、どのように指導し検証していくか、そのための授業の道筋をどのように立てていくか、いわば実践的な研究の進め方を学ぶ制度である。後者は、教育課題をどのように解決したらよいか、各教科等の教材をどのように研究開発していくか、今日的な教育課題の解決を求めて教材等の開発をしていく制度である。

私は、これまでの経験を生かした指導・助言に努めると同時に、研究員の方々と積極的に議論し、授業づくりに対する見方・考え方をお互いに高めていくよう心がけた。そして、会議が終了したあとの懇親会、酒を酌み交わしながらの交流も、貴重な時間であったということはつけ加えておかなくてはなるまい。

こうして、さまざまな経験と学びを経ながら、視野と人脈が広がっていった。新たに気づかされることもたくさんあった。自分自身の成長も含めて、学校現場の先生方が授業力・指導力を高めていく姿を見て、こんなにうれしくすばらしい経験はなかったと思っている。

(3) 文部省教科調査官・体育官として

1995(平成7)年4月、当時の文部省体育局体育課の教科調査官に着任した。ここでのもっとも大きな仕事は、何と言っても1998〜1999(平成10〜11)年の学習指導要領改訂であった。そのほか、文部省における7年間で学ばせていただいたことは筆舌に尽くしがたいが、現在学校体育・スポーツに関わっている方々に、できうる限りその学びをお伝えしなくてはとの思いから本書を刊行することとした。本書を通じてその一端を読みとってくだされば幸甚である。なお、1998(平成10)年4月から、文部省体育局体育官(初等中等教育局でいう視学官に同じ)となり、教科調査官も併任してきた。

(4) 教員養成大学の教官として

2002(平成14)年4月、私は、東京女子体育大学に体育学部体育学科教授として着任した。これまでの学校現場、都や市の教育行政、文部行政等の経験を生かしてほしい旨、教職課程をカリキュラムにもつ同大学から声をかけていただき、教授として着任する運びとなったのである。本学は、1902(明治35)年5月10日付で、私立東京女子体操学校として設立された。実質的な創立者は、藤村トヨ(注17)である。

担当してきたのは、主としてゼミと教職必修科目の「保健体育科教育法」である。ゼミでは、今日的な教育課題を各自が提案するとともに、学校現場での実践研究冊子や体育科教育学に関する専門書の内容をレポートにまとめて発表し、ディスカッションをおこない、体育科教育に対する見方・考え方の広がりを求めた。そして卒論指導。ゼミの卒業生は合わせて145名であり、4人に1人が現職の教員として活躍しているほか、非常勤講師も含め多くの分野で、身につけた専門性を生かしている。

「保健体育科教育法Ⅰ」では、「よい授業」をつくり出すための理念と方法を指導する。特に、学習者の立場に立った授業の考え方を重視し、教育課程の編成・実施の観点から、「目標―内容―指導計画の作成と内容の取り扱い―指導と評価」について理解できるようにすることをねらいとしてきた。「保健体育科教育法Ⅱ」は、理論編である「保健体育科教育法Ⅰ」のうえに、実践編として位置づけ、保健体育科教員としての資質・能力を高めることを意図している。年間指導計画、単元計画、指導と評価の計画、1単位時間の指導計画（指導案）の作成に重点をおき、教員としての実践力を身につけることができるようにすることをねらいとしてきた。

指導案を書くためには単元計画が、単元計画を作成するためには年間指導計画が不可欠である。加えて、指導と評価の一体的な計画の作成が必要となる。学生も担当教員も相当な時間と労力をつぎ込む。しかし、それだけのことをしないと教員としての実践力は身につかない。最終課題は模擬授業である。

①学生たちが中・高時代に受けた授業、そしてそこから学んだこと

授業のなかで、「中・高校時代に受けた体育授業を振り返って」というテーマでグループワークをさせ、レポートを提出させたことがある。このなかには次のようなことが記されていた(原文のまま)。

○ノートを活用した授業はどんなことをしたのかよく覚えている。ノートの活用は生徒に印象づけることができる。

○どんな授業だったか印象に残ってない。体育=リフレッシュのための遊びの時間。授業で得るものが少なく寂しいことだ。ゲームのとき先生はいない。

○ゲームのみで、どちらかといえば放任。全然指導してもらえないしゲームばかり。

○生徒主体と言えども放任。気分転換や遊びのように感じてやっている人が多い。

○放任主義。その種目の部活に入っている人が仕切り、体育を楽しみたい人だけ参加した。

○生徒主体だと生徒はだらけてしまうのが欠点。生徒の学ぶ姿勢を確立させるためには教師の指導力次第。教師の指導力で授業内容が大きく変わる。

○生徒主体もよいが、それをすべて生徒にやらせるのでは先生の意味がない。どう導いていくか、生徒主体になっても教師は授業に携わっていく姿勢が大切。

○ただ教えるのではなく、生徒のために「考えて教える」ことが教師には必要。

○母校の体育の授業の問題点を知ることができた。

○どのような授業展開にしていくかによって、生徒の興味関心や習熟度が変わってくる。

○前半は教師主導で生徒たちにその種目の基本的な技能を指導し、後半は生徒主体の授業をしていきたい。

○体を動かし、用具を使う体育の授業で放任は危険。けがをする危険性が高い。

○部活の指導者としては最高な方だったが、体育の授業にはあまり工夫がなくレベルが低かった。

学生は核心をついている。このような声を教師はしっかりと受け止めなければならない。特に、5つ目の「放任主義。その種目の部活に入っている人が仕切り体育を楽しみたい人だけ参加した」ということは、体育の授業の意味が失われている。

高校は、良きにつけ悪しきにつけ、いわゆる偏差値で輪切りになっている。したがって各学校の実態や課題等は大きく違う。それだけに、その学校の実態や特性を踏まえた充実した授業の展開をしなければ、科目体育は必修ではなく、好きな者だけが選択すればよいのではないかということになりかねない。これが今、もっとも危惧されることである。

②教員養成に感じる課題

第二次ベビーブームへの対応で採用された多くの教員が今や定年退職の時期を迎え、順次、小学校から新規採用が増加している。このため、一部の学校では、指導力のない新採教員もいて、それが課題となっている。ひと月、ふた月はおろか1週間ももたないで退職するなどの嘆きを聞くこともある。

教員採用増の見込みから大学の教職課程認定校が大幅に増加したが、大学における教職課程は学校教育への信頼と人材育成の観点から、責任が重大である。

今、大学は生き残りをかけて、新規採用教員選考合格をめざした対応を重視している。そのため、いわゆるハウツーを旨とした表面的な知識・技能の習得に留まっているのではないか。ペーパーテスト、面接、集団討論、模擬授業、小論文等を無難にこなす学生が育っているのではないかと懸念している。しかし、児童生徒理解や生徒指導、授業づくりや日々の授業展開、学級経営、保護者対応、学校行事等の企画運営、部活動の指導、教材研究等そう甘くはない。

学校教育への信頼獲得と人材育成の観点から、教員養成に必要なことは、学校教育の現状と課題、学校体育・スポーツの現状と課題、学習指導要領改訂の経緯と改善の基本方針、おもな改善の内容等について理解を深めることと考える。しかし、私が大学教員として着任以来、常に感じてきたことは、決定的に関連する情報が入らないということである。今でこそ、文部科学省（以下、文科省）等のホームページ等から多くの情報を得ることができるが、それでも手間暇がかかって効率がよくない。したがって、文科省は教職課程をもつ大学を対象とした学習指導要領改訂の趣旨等の説明の充実を図る必要がある。と同時に、各大学においても、その情報を共有する組織的な対応が求められる。大学の実態にもよろうが、このあたりは重要な課題である。

また、特定のスポーツ種目を担当する実技系の教員に不足しているのは、授業づくりについての知識と情報である。これまでの経緯はもとより、「知・徳・体」を育むための授業づくりをどのように進めたらよいかなどに関する情報が入っていない傾向にある。授業づくりにおいては、当然のことながら、学習指導要領および学習指導要領解説を十分理解することが求められる。教科固有の目標、学年の目標、分野の目標、科目の目標の意味するところを構造的に理解するとともに、目標を実現するための指導内容が分析的に理解されなければならない。

近年、実技の授業を通して1単位時間の指導案を書かせ、模擬授業の展開がおこなわれている例が多くなった。しかし、留意しなければならないのは、生徒役も体育大学（学部等）の学生であるという点である。未熟な指導、不十分な計画（指導案）でも「生徒」はよく動くし、技術的にうまく、達成度が高い。これにごまかされてはいけない。指導案についても概略だけの「略案」ではなく、何をどのように展開するのかがわかる「細案」を書く力を身につけさせる必要がある。

いずれにせよ、理論と実技を踏まえ、学生が保健体育の授業づくりについて、実践力を高めることができるよう指導しなければならない。そのためには、年間指導計画、単元計画、指導と評価の計画、1単位時間の指導計画の4つを一貫したものとして作成する力を身につけさせることが求められる。教科教育（保健体育科教育法）を担当する教員の人的措置の充実を図ることが必要である。実技系の教員が交替で教科教育を担当する大学もあると聞くが、それでは教員養成としての責任を果たせないのではないか。

もう1つ課題をあげておきたい。それは、学生の実技能力のことである。体育系大学のカリキュラム上、多くの実技種目が選択扱いになっていることから、学習指導要領に例示されている種目を学んでいない実態がある。結果、実技能力が低い。大学で学んでいないから、その種目の指導を忌避する傾向にある。中学校・高等学校と同じように種目選択の拡大を図ったことを見直す必要があろう。生徒の立場からすると、能力・適性等から種目を選んで生涯スポーツの基礎づくりをしていくことでよい。しかし、教職課程で保健体育の教員をめざす学生に対しては、専門性を高めるために実技能力は必要不可欠であり、その指導法を学ばせるのは当然求められて然るべきではないかと考える。

2 指導・助言、支援をしていく人をつくる

私は、これまで述べてきたようなさまざまな職種のなかで、多くの先生方とともに学び合い、力量をともに高めてきたのだと感謝している。その経験から、現場教員を育て、体育授業を活性化させるためには、実践的研究に学校をあげて取り組むことが有効であると感じている。研究制度については後述するが、ここでは、現場での研究を推進するために欠かせない、教科調査官、指導主事、中堅教員の重要性を改めて確認したい。

(1) 教科調査官の位置づけこそが大事

ご存知のように、文科省には教科調査官がいる。その教科調査官が文科省所轄（独立行政法人ではないことに留意）の国立教育政策研究所（以下、国研）の教育課程調査官の肩書きをもっているこ

とにお気づきだと思う。と同時に、なぜだろうと疑問に思っている方も少なくないのではないか。

教科調査官は、学習指導要領の改訂に直接関わる専門職であると同時に、学習指導要領の趣旨を生かした授業づくりについての国の基本的な考え方を発信し、教科教育のあり方に関して指導・助言していく責任ある立場である。では、国研の教育課程調査官としての立場は何か。併せて見ていこう。

学校現場を知る専門職である教科調査官の位置づけが、2001年、国の行政機構改革に伴って、以下のように大きく変わった。

○文部科学省組織規則第71条（2001年）「スポーツ・青少年局」の「企画・体育課に（中略）教科調査官2人（中略）を置く」。
○文部科学省組織規則第71条2（2001年）「教科調査官は、国立教育政策研究所の職員その他関係のある他の職を占める者をもって充てられるものとする」。
○文部科学省組織規則第71条5（2001年）「教科調査官は、命を受けて、学校における体育の教育課程の基準の設定に関する調査並びに教育課程の基準に係る専門的、技術的な指導及び助言に当たる」。

つまり、文科省の教科調査官（体育は2人）に国研の職員を充てるということである。では、国研の職員とは誰か。

○国立教育政策研究所組織規則第36条（２００１年）「研究開発部に、教育課程調査官三十八人を置く」。

つまり、国研の職員とはこの「教育課程調査官」を言う。その職務（同36条2）は以下の2つである。

①初等中等教育の教育課程の実施に関する政策に係る基礎的な事項の調査及び研究
②国内の教育関係機関及び教育関係者に対し、初等中等教育の教育課程の実施に関する専門的な援助及び助言

後述するが、この「援助及び助言」という文言に留意しなければならない。

ともかく、国研の教育課程調査官は、「調査及び研究」ということから、都道府県に置き換えると教育研究所（センター）の指導主事の位置づけに相当すると考えられる。そうであれば、県の教育研究所の指導主事を県教委の指導主事に兼任させるに等しい。さて、本務はいったい何か、と言わざるを得ない。言い過ぎであるかもしれないが…。

国の行政改革（2001年）以前は、教科調査官は全員が文部省の職員であった。しかし、省庁再編に伴い、国家公務員の定数を削減するため、国研の教育課程調査官が文科省教科調査官を兼ねるという発令となった。教科調査官全員の数だけ文科省の定数が削減できたということになる。

こうして、教科調査官の位置づけが大きく変わったことによって、専門職である教科調査官という魅力が弱くなったのではないかと私は感じている。やはり、教科調査官は文科省に戻すべきだと思う。学校教育や学校体育の充実・発展のための指導・助言が、しっかりできるような体制づくりが必要だからである。専門職としての教科調査官や体育官（他教科では視学官）と文部官僚がともにそれぞれの専門的能力を発揮し、連携し合って、学校体育・スポーツの充実・発展に努めていただくことを望みたい。学習指導要領の趣旨を生かした授業づくりについて、具体的な「指導・助言」や方向性を示すことができるのは、やはり文科省の教科調査官なのである。

では、「指導・助言」と「援助・助言」はどのように異なるのか、その違いについて考えてみたい。

教科調査官は、文部科学省組織規則第71条5に基づき、「指導及び助言に当たる」のであるが、国研の教育課程調査官は、国立教育政策研究所組織規則第36条2にあるように、「援助及び助言」に留まっている。

以上のことを整理すると、現在でも文科省の教科調査官は、国研の教育課程調査官であるが、教育課程調査官としての立場では「援助及び助言」しかできない。しかし、「学校における体育の教育課程の基準の設定に関する調査並びに教育課程の基準に係る専門的、技術的な『指導及び助言』」ができるのは文科省の教科調査官である。つまり、国研の教育課程調査官という立場では法的に「指導及び助言」ができないから、「指導及び助言」をするには併任している文科省教科調査官の立場になる必要があるということだ。もっと言えば、教科調査官でないと学習指導要領改訂に携わることはできないから、併任をさせているのである。

これは、国家公務員の定数削減のあおりを受けたものではあろうが、このことで教科調査官の位置づけが弱くなった面は否めない。

なお、2015（平成27）年にスポーツ庁が発足したが、教科調査官の位置づけは同様である。念のために整理しておきたい。2015（平成27）年9月30日改正の文部科学省組織規則第2章（外局）第1節（スポーツ庁）第73条が重要な条項である。

○文部科学省組織規則第73条「政策課に、学校体育室並びに（中略）教科調査官三人（中略）を置く」。

○同第73条2「教科調査官は国立教育政策研究所の職員その他関係のある他の職を占める者をもって当てられるものとする」。

○同第73条3「学校体育室は、次に掲げる事務をつかさどる」。

1　学校における体育の振興に関する企画及び立案並びに援助及び助言に関すること

2　学校における体育及び保健教育の基準の設定に関すること

3　全国的な規模において行われるスポーツ事業（学校における体育に係るものに限る。）に関すること

4　地方公共団体の機関その他の関係機関に対し、学校における体育に係る専門的、技術的な指導及び助言を行うこと

5　教育関係職員その他の関係者に対し、学校における体育に係る専門的、技術的な指導及び助言を行うこと

6　学校における体育のための補助に関すること

○同第73条9「教科調査官は、学校における体育及び保健教育の教育課程の基準の設定に関する調査並びに教育課程の基準に係る専門的、技術的な指導及び助言に当たる」。

以上のことから、スポーツ庁の政策課に教科調査官3人が位置づくこと、しかし、その教科調査官はこれまでと同じように国研の職員、つまり教育課程調査官が併任することがわかる。そして、教科調査官は体育および保健教育の教育課程に係る指導・助言にあたること、学校体育室は学校における体育および保健教育、そして運動部活動を所管することがわかる。

(2) 指導主事の力量は現場の人材育成、授業力向上に直結する

人材を育てるという視点から重要な立場にいるのは、指導主事である。地域によって任用制度に違いがあるので一概には言えないが、その指導主事の力量が落ちているという指摘がある。

指導主事の法的な位置づけについては、「地方教育行政の組織及び運営に関する法律(最終改正2015)」(以下、地教行法)の第18条に示されている。

都道府県に置かれる教育委員会の事務局に、「指導主事、事務職員及び技術職員を置くほか、所要の職員を置く」とし、同第2項に、市町村に置かれる教育委員会の事務局に、「前項の規定に準じて指導主事その他の職員を置く」としている。さらに、同第3項に、「指導主事は、上司の命を受け、学校(中略)における教育課程、学習指導その他学校教育に関する専門的事項の指導に関する事務に従事する」、同第4項に、「指導主事は、教育に関し識見を有し、かつ、学校における教育課程、学習指導その他学校教育に関する専門的事項について教養と経験がある者でなければならない。指導主事

は、大学以外の公立学校（中略）の教員（中略）をもって充てることができる」と明記されている。

この地教行法からわかるように、指導主事の本来の職務は、教育課程に関する指導・助言、各教科等の学習指導に関する専門的な指導である。しかし、今は事務的なデスクワークが多く、その職務を遂行できていない状況があるのではないか。しかも異動が早く、指導主事としての力量を高めることができない現実がある。

そのため、ある地域では、校内研修に管轄教育委員会の指導主事が呼ばれないこともあるという。校長の「指導・助言の講師役を私が担うから、指導主事を呼ばなくてよい」という発言を私自身も聞いたことがある。指導主事の指導・助言が現場から期待されていないとすれば、それは危機的状況と言わざるをえない。リーダーシップをとるべき指導主事の力量が高まらないだけでなく、学校現場の教員、特に中堅と若手の教員の力量向上にも支障を来す。

このような背景からか、現場の教員からは、「事務的なデスクワークをしている指導主事の仕事に魅力を感じないので、指導主事任用の受験はしない」という声も聞く。また、地域によっては、30代前半で指導主事の任用試験があるようだ。30代と言えば、学校現場において、教科教育、生徒指導、各種主任等で力量をもっとも高める時期である。その間もないうちに指導主事として任用されても、指導・助言を期待できるはずがない、というのは言い過ぎだろうか。

指導主事が本来の職務に徹することが、指導主事の魅力をアピールすることにもなる。よい授業づくりのためには、指導主事による「指導・助言」は欠くことのできないものだということを再認識して、改めて地教行法の趣旨を徹底する必要がある。

指導主事と学校現場の教員との違いは何かということも、認識しなくてはならない。指導主事の仕事は、教員のように1つの学校や1学校内の児童生徒を対象としているわけではない。市区町村、都道府県全体に及ぶ仕事であり、地域全体の教育行政の課題を解決する事業に従事することである。地域の教育現場での課題を改善して充実を図ることが、指導主事の職務であり、同時に指導主事という立場の魅力である。

今こそ、行政内部で知恵を絞って、指導主事のレベルアップを図る必要がある。指導主事のオンザジョブトレーニングとなる教育課題への対応、研究指定校や校内研修等での専門的な「指導・助言」に努め、事務職ではないことの自覚と責任感、よい意味でのプライドをもつことができるようにしていくことが重要課題である。

指導主事の力量を高めるためには、任用制度と任用期間も見直す必要があろう。例えば、校長等の管理職と同等の任用試験をしたり、教科ごとにその専門性を問う任用試験制度にしたりすることが望まれるのではないか。

また、現状では、指導主事の任用期間は短く、異動も激しい。本来ならば少なくとも5、6年は携わるべき業務内容である。1年目は、先輩の指導主事から言われるままに仕事をこなすほかはない。

2年目になって、仕事の全体像が理解できてきて、やり甲斐も生まれてくる。人を育てることもできる。そして3年目で、次年度以降の施策の種を蒔くことができる。つまり自分の理想とする仕事を行政施策として予算化することができる。さらには4年目、5年目で蒔いた種を刈り取ることができるのである。指導主事は少なくとも5年以上は任用するほうが効果的であると考える。これは、経験に基づく実感である。

加えて、指導主事の指導・助言は、教育長の意向を受けた指導・助言であるという認識にしないと教育行政の指示命令が徹底しない。報道によると、２０１２（平成24）年に起きた大阪市立高等学校の体罰問題でも、指導主事が現状把握と指導・助言に行っても、思うような改善につながらなかったという。このような事態にならないよう、指導主事で任用した人材は、校長等の管理職等で学校現場に戻れるよう制度を整える必要があるのではないだろうか。

指導主事の力量を高めることは、学校現場の人材の育成、授業力の向上に直結していることを強く認識すべきである。

(3) 中核となる教員を育てるということ

よい授業づくりのための重要な人材は、なんと言っても学校の中核となる中堅教員である。この教員は、所属校の管理職等をはじめ、教科調査官や指導主事のよき指導・助言を受けながら、今日的な課題を解決するための授業の改善・充実を図り、若手をリードしてくれる人材である。いずれ指導主事や管理職になる人である。このような教員を意図的・組織的に育てることが必要不可欠である。

児童生徒数の増減との関連で教員採用にも大きな波があり、現状、どこの地域でも中堅どころの教員が少ないという実態が生じている。その一方で、厳しい採用状況のなかで合格したため、優秀であると聞いているし、私もそう思う。

中核となる教員を育てるためには、各学校における校内研修や授業研究、日々の授業等を通しての自己研修を第一義とし、加えて、各種の研究会等の組織を活用することが大切である。そのために校長は、中核となる教員を積極的に研究会等に派遣するとともに、公開授業を担当したり、指導・助言をする立場で活躍したりする場をつくっていくことが必要である。指導計画の作成や研究主題に迫る原稿を書くことによって力は伸びる。勉強のためと称して、中堅教員を飛ばして若手教員を指名するのは改めたほうがよい。バランスをとることも必要である。

そして、研究協議等のあり方も再考する必要があろう。これまでも、各都道府県・市区町村の自主的・主体的な研究会が組織（小・中・高の体育・保健体育研究会等）されており、ここで多くの人は鍛えられてきた。協議の場では、先輩の教員等から厳しく指摘を受け、悔し涙を流しながら励んできた。

しかし、それが今日、形骸化しているのではないか。「よかった、よかった」とよいことだけを並べて、さらなる高みの課題を追求していないように感じられるが、いかがか。本来ならば、なぜそのような目標や道筋を設定したのか、それにより子どもの変容はどうだったのか、子どもにどんな力をつけさせたのか、その成果は何をもって検証したのか、次につなげるための課題は何かなど、突っ込んだ研究協議がおこなわれるべきである。

時には研究協議会が終わったあとの「懇親会」がよい「研究協議」の場であることも再確認したらよい。懇親会の場でこそ、本音で語られることがあるということを知るべきかもしれない。

中核教員の育成ということで言えば、特に期待したいのが中学校・高等学校体育連盟である。これらの連盟は、各種スポーツの地域・地区大会および全国大会等を主催する組織であり、学校におけるスポーツ活動の推進に大きな役割を果たしている。

しかし、そこに落とし穴もあることを見逃してはならない。これらの組織に所属している教員で、ややもすると部活動指導のみに走りがちになっている人はいないだろうか。職員会議に出ない、研修会に出ない、午後3時以降の部活動指導のために力を温存し、授業を放任している、教科教育の教材研究をおろそかにしている、そういった声も現場から聞こえてくるのだ。

中学校・高等学校体育連盟で力を注いでいる教員には敬意を表している。そのうえで、体育の授業づくりに関する研究会（ここでは保健体育の教員対象）にも積極的に参加してもらいたいという思いが強い。競技力向上のための指導法を体育の授業づくりに生かし、生徒の関心・意欲を高めることにも大いに力を注いでもらいたい。運動部の指導法を、体育の授業ですべての生徒の力を高める指導法の開発につなげてほしいと願っている。

技能の向上だけではなく、運動やスポーツの根源的な楽しさ・喜びを求める授業づくりの開発がもっともっと必要なのだ。そして、それは必ずできると信じている。これまでとは違った練習方法が開発され、生徒の技能レベル、体力レベルの向上はもとより、自主的・主体的な態度が養われていくようになるはずだ。やがて、このことが部活動に積極的に参加する気持ちを育てていくこととなる。

すでに東京都中学校体育連盟研究部は、数年前から授業づくりに関する実践的な研究を進め、関東中学校体育連盟研究大会においてその成果を発表している。例えば、陸上競技の技術を習得するために土台となる動きづくりは何かという実践的研究に取り組んだ事例がある。走・跳・投の基本は共通していること、つまり、①姿勢、②腕振り、③乗り込み、④切り返しの4つにまとめることができるとして、それぞれの具体的な動きを分析的に明らかにし、きわめて効果的な授業実践をおこなっている。授業づくりの視点が変わると言っても過言ではない。また、体つくり運動（体ほぐしの運動）、保健分野（欲求やストレスへの対処と心の健康）、体育理論（運動やスポーツが心身に及ぼす効果）の3つの内容を組み合わせて単元（9単位時間）を構成し、心と体を一体として捉え自ら運動に取り組む態度を育てるための指導の工夫について研究した事例もある。学習指導要領でも、体育と保健の関連を図った指導が求められているが、その先進的な取り組みである。この組み合わせ単元での学びの結果、心と体のつながりについて理解した生徒は97％ときわめて高い割合を示している。大いに参考にされたい。

このような広がりを全国的に期待したい。こうして体育とスポーツを一体のものとして発展させ、学校体育の活性化につなげていただきたい。

3 研究制度のいっそうの充実を

(1) 研究指定校等の制度縮減の痛手

研究指定校等の制度は教員の力量を高めるうえで、また人材を育成するうえできわめて効果的である。以前は、文部省や都道府県教委等による研究指定校がたくさんあって、実践的研究が盛んにおこなわれ、学校と地域をあげて研究に取り組む姿が多く見られた。1つの研究テーマのもとに、仮説を立て、研究の柱を構造的に明らかにし、研究授業をおこない、仮説検証にあたる。その経過のなかで教員は育っていったのである。まさに人材の育成である。こうして教材開発や授業づくりの伝統が息づいていた。ところが残念なことに、世に言う「失われた20年」で、文科省においては予算削減等から研究指定校が縮減されることになってしまった。それに伴い、都道府県教委等においても研究指定校が廃止されるなど、大きな痛手を被った。これが、授業研究、全国レベルでの人材の育成という点で大きなマイナス要因となったと考える。

加えて今日、文科省、国研等の研究指定校等については、各教科等の教材開発や授業づくりというよりも、評価（評価規準）、言語活動、人権尊重、武道、体力などの政策課題を受けた研究主題（テーマ）に重点があるようだ。重要な政策課題ではあるが、根本は、教材開発、授業づくりのありようであることを指摘しておきたい。

また、研究指定校制度のみならず、例えば、都教委における教育研究員制度が、2005（平成17）年度からの5年間、予算削減との絡みからか、中止となった。この間、中堅どころの多くの人たちは重要な学びの機会を失った。幼・小・中・高・特別支援学校、しかも各教科・道徳・特別活動等があることを考えると、千人単位の教員が教育研究員としての経験ができなかった計算となる。人材育成と授業力向上の視点から取り返しのつかないきわめて残念なことであった。

実はこれは、1956（昭和31）年度から制度化されたものであり、50年の長きにわたって都教委が尽力してきたもっとも重要な事業だったのである（**表5**）。ここから東京都の教員の指導力低下が始まった、指導主事も育たなくなったと指摘されている。私も同感である。

しかし、幸いにも2010（平成22）年度に制度が復活した。遅きに失したと言わざるをえないが、救われた思いである。

いっぽう研究開発委員会は、**表6**からもわかるように、1968（昭和43）年度に教育課程研修会として発足し、1979（昭和54）年度からは教科等の教材開発をおこなう委員会として発展してきた。1997（平成9）年度から、名称の変更はありながらも都教委として各教科等の教材開発に力

表5　教育研究員制度(東京都)

ねらい:東京都全体の教育の質を向上させるため, 都内各地区の教育研究活動の中核となる教員を養成・育成する。

経　緯:

1956(昭和31)年度	小・中学校の教員の中から「教育研究員」を任命
1957(昭和32)年度	御岳山宿泊研究会を開始
1959(昭和34)年度	「教育研究員」として制度化
2005(平成17)年度	都の事業の見直しにより第50期をもって事業を終了
2010(平成22)年度	教育研究員制度の復活

表6　研究開発委員会制度(東京都)

ねらい:東京都の教員全体の教科等の指導力向上を図るとともに, 急激な社会の変化や学校における教育実践から提起される様々な教育課題や要請に対応するため, 各教科等及び教育課題に関わる教育内容や方法等について研究開発を行い, その成果を普及・啓発することにより学校教育の改善・充実に資する。

経　緯:

1968(昭和43)年度	「教育課程研修集会」として開始
1979(昭和54)年度	教科等の教材開発を行う「研究開発委員会」を開始
1997(平成9)年度	「東京の教育21　研究開発委員会」と改称
2006(平成18)年度	「教育課題等研究開発委員会」として教育課題に特化した委員会のみ設置
2013(平成25)年度	教科等の部会を復活

を入れてきた。ところが、ここでもまた２００６（平成18）年度に教科等部会を廃止し、教育課題だけに縮小している。予算削減で規模の縮小になったものと考えるが、各教科等の教材開発に都教委が意を注がなくなったと言わざるをえない。ふたたび各教科等の教材開発を復活させたのが２０１３（平成25）年度だから、それまで8年も要している。この制度の中断もまた、東京都の教員の教材開発の力不足、指導力の低下につながったと考えられる。人材育成という視点から重大な空白期間である。

これまで、教育研究員および研究開発委員を経験した者のうちから多くの管理職、指導主事が育ってきた。つまり、中核となる教員の資質・能力の向上、リーダーシップの育成につながっていたということである。また、この中核となる教員が、若手の教員に研究開発している情報等を伝達し共有することで、さらに課題意識が高まり、広がりを見せるという効果があった。よい授業づくり、教員の資質・能力の向上、人材育成にとってきわめて大きな事業だということである。それだけに、今後の成果の高まりを大いに期待したい。

なお、都教委は２００６（平成18）年度から、「東京教師道場」を実施している。これは教職経験5〜10年の教諭のなかから都教委が指名し、授業力の向上とほかの教員を指導する資質・能力の育成をめざした制度で、２年間の研修を実施するものである（注18）。

人材育成の視点から１つの事例として東京都を紹介した。各都道府県教委・市区町村教委もそれぞれ地域の特性に応じて、多様な人材育成事業を展開している。さらなる充実と施策の推進が図られることを期待したい。

(2) できれば避けたい？　研究指定校

学校現場には、大変だからという理由で、研究指定校や公開授業を引き受けない、できれば避けたいという傾向がある。実施する意義よりも、大変だからという理由が先行していることに危機感をもつ。

大きな研究テーマのもとで授業研究を進めることは貴重な経験である。この実践的研究を通して、学習指導要領や解説の読みとり方がガラッと変わるのだ。それまで漠然と読んでいたものが、ピンポイントで読みとりをすることで洞察力が高まるのである。「あ、そういうことなのか！」と新たな発見、気づきがあるものだ。その結果、日々の授業づくりや授業における児童生徒への声かけの仕方が大きく変わる。指導計画の作成や関係資料の作成等を通して、文章の作り方や書き方も格段にうまくなっていく。さらに言えば、教員一人ひとりが自信をもつことができ、相互の人脈も広がる。

文科省等の研究指定校等に係る予算が削減されて久しい。まずは、この回復を図ることが最重要課題である。文科省、都道府県教委、市区町村教委の研究指定校の復活やいっそうの充実を図り、各学校・地域ではこれを積極的に受けていく。このことから教員が育つ、児童生徒が育つ、研究組織が育つ、教科教育が育つ、地域が育つ。そして学校に活力が生まれる。

学校に活力があるかないかは、その学校にどれだけの人が出入りをしているかでわかる。研究指定校になれば、おのずと、校内研修や公開授業・研究発表会等で、講師、教育長をはじめとする教育行政関係者、授業参観者、保護者など、研究に関係する人びとの出入りが多くなり、活力が感じられる状況が一気に生まれる。研究指定を受けるかどうかは、特に校長の学校経営観、リーダーシップが鍵となる。研究指定校の復活が、学校の教育力・活力を生み出す。学校体育の充実が、ひいては学校教育を支えていく。

注14　全国高等学校総合体育大会（全国高校総体）
注15　外国語指導助手（ALT=Assistant Language Teacher）
注16　任意団体ではあるが、東京都多摩教育事務所の指導のもと、各市教育委員会教育長公認の組織となっている。
注17　明治、大正、昭和を代表する体育指導者。ことに女子体育指導者の育成に尽力した。1876（明治9）年〜1955（昭和30）年
注18　東京都教育委員会HP、教育庁報。

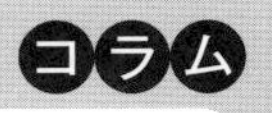

公益財団法人 日本学校体育研究連合会（学体連）

学体連は、47都道府県にある学校体育研究団体によって構成されている研究組織である。前身は1947（昭和22）年結成の「日本体育指導者連盟」であり、1962（昭和37）年改組・名称変更して「財団法人日本学校体育研究連合会」となり、さらに、2013（平成25）年4月1日をもって、「公益財団法人」として新たな出発をした。

公益目的事業として、文科省と共催で年1回全国学校体育研究大会を開催している。この大会には、毎年1200〜3400名の教員らが参加し、文科省教科調査官や特別講師による講演、公開授業と研究協議等をおこなって、体育の授業づくりの改善・充実に資している。

また、学校における体育授業の実践的研究に対しておこなう、最優秀校（文部科学大臣賞）・優良校・功労者表彰も学体連の重要な事業である。くわしくは学体連のホームページ（学体連で検索可能）を参照してほしい。たくさんのすばらしい実践事例や貴重な情報がある。

今後も、文科省はもとより各都道府県の学校体育研究団体等との連携協力を深めつつ、研究体制のさらなる充実をめざすべく、組織の発展が期されている。

第5章 教育活動の一環である運動部活動の意義

要旨

部活動は学校教育活動の一環であることが、現行の学習指導要領の総則に初めて明記された。学校現場の長年の願いであった。

部活動は、生徒たちにとって学校生活を送るうえで非常に重要な位置を占めている。部活動で活躍したこと、自己実現できたことをきっかけに、自信をもち教科の学習活動や生徒会活動等にも積極性が出てくる。それだけにそこに携わる顧問教諭の果たす役割は大きい。責任も重いが、成果を上げた際の喜びや達成感はそれ以上に大きい。それを生徒と一緒に味わうことができるのが部活動である。運動部活動が学校を活性化しているのは紛れもない事実である。

その一方で、過去、総合型地域スポーツクラブの推進と国際競技力向上という点から「運動部活動を社会体育へ移行」するという議論があったこと、今日、日本の中学教員の「勤務時間最長」という実態があること、勝利至上主義やスポーツ障害、体罰やいじめの問題等もあとを絶たないことなど、多くの課題があることも事実である。運営のあり方を探っていかなければならない。

1　めざすは文武両道

(1) 文武両道に励む生徒たちとの出会い

多くの中学生や高校生は、学校生活のなかで何らかの部活動に励んでいる。部活動は必須の授業とは異なるものの、そこには青春をかけるだけの価値があることを生徒たち自身が強く感じている。また、学校生活のなかでも、特に部活動を楽しみにして過ごしている生徒も少なくないはずである。指導教員として、生徒たちの期待に応えなくてはならないし、生徒の抱いている部活動への価値観を大事にしていかなくてはならない。

自分自身を振り返ってみると、新卒で、旧制和歌山中学の伝統を引き継ぐ和歌山県立桐蔭高等学校着任以来、柔道部の指導は当然であると考えていた。赴任当時、和歌山県で開催となるインターハイ、国体を控えていたことから、県内の各校との合同稽古や他府県への遠征も頻繁におこなわれていた。こうしたなかで、文武両道をめざして日々の練習に励む生徒たちと出会い、1つの目標に向かって邁進することの充実感をともに味わうことができた。しかし一方で、勉学との両立から部員が減っていったことも事実である。時には若さゆえ、厳しい言葉を発し、信頼関係をなくすようなことも、あるいはあったかもしれないと思い反省する。

インターハイで桐蔭高柔道部はベスト16に進出することができた。これは、学校と家庭、地域が一体となったお陰であることを強く実感することになった。また、大きな声援を受けた生徒のがんばりを見て、生徒の可能性の大きさをも目の当たりにすることができた。文武両道は「やればできる」との確信をもつこともでき、その後の自分自身の指導現場での信念ともなった。

さらには、地元で全国大会を開催することの意義はきわめて大きかった。運営等が大変であるからこそ、意義深いものがあるということも実感した。なお、余談ではあるが、翌年のインターハイ山形大会では、個人戦重量級で1人の生徒が第3位に入賞した。その生徒は現在、大学教授として広く活躍している。

(2) 悩みながらも続けることが大切

次に着任した東京都立国立高校の生徒たちも、勉学と部活動に励んでいた。

当時（現在も変わらないが）柔道は、東京では私立高校が圧倒的に強かったため、都立高校の部活動は熱心ではないと思い込んでいた。ところが、3年生の1人にとても熱心に私を稽古に誘う生徒がいた。これを機に多くの柔道部員と稽古に汗を流すこととなった。その生徒は、その後都立高校の保健体育教員となり、柔道部員を育て、関東大会で団体・個人ともに活躍するなど、指導者として実績を上げた。現在、都立高校の統括校長としてその指導力をいかんなく発揮している。もとよりほかの部も文武両道をめざして練習に励む生徒の多かった学校である。生徒のやる気、「やればできる」という気持ちは、地域が違っても同じ。そのような現実を見て、生徒の可能性の大きさはどこの学校でも同じだと痛感したものである。こうして、「文武両道で迷い悩むぐらいなら、やり通したほうがよい」という私なりの教育信条は改めて強いものとなっていった。

生徒も保護者も目先の進学のことが気になり、「部活動なんかやっていると疲れる」し、「時間はなくなる」から、「勉強の邪魔になる」と言ってやめていく者もいる。しかし、そんなときには生徒の胸には挫折感が残る。一方、不安を抱えながらも文武両道を貫いていくという覚悟をもった生徒は、自分の精神的な支えをそこに見いだしている。だからこそ、「どうしたら両立させることができるか」「どうしたら親を納得させることができるか」を考えて、具体的な行動を起こす。そうしたプロセスを経験していくことで、その生徒は知らず知らずのうちに成長していく。また、そのことが自信につながっていく。

部活動の指導を通じて、このように多様な生徒との出会いがあったことで、教育観や人生観、ものの見方や考え方を体験的に学ぶことができた。「教師は生徒に育てられる」ということを実感した。柔道部の卒業生とは毎年2回程度、現在でも交流がある。その場は、さまざまな話題で話が尽きない。そこで交わされる「続けてよかった」という体験談を、時代を超えても不変のものとして、文武両立に悩む今の中高生たちにぜひ聞かせたい。

2 運動部活動廃止論 ～学校現場と行政の立場～

運動部活動については、地域の社会体育（地域スポーツクラブ）へ移行してはどうかという意見が強く出された時期がある。２０００（平成12）年前後のことである。ヨーロッパや南米のサッカーのように、地域スポーツを日本に根づかせようとしたためである。

強化と普及という理由もあった。中学校に入学すると多くの子どもが地域のスポーツ少年団から抜けて以降、中学校、高等学校、大学の運動部に入部する。結果、指導者が替わり指導法も変わるため、競技力向上を図ることができないという指摘である。一貫した指導体制を構築するためには、学校の運動部を廃止し、競技団体や社会体育、地域スポーツがその役割を担うことが必要であるという意見であった。そのためには、（財）日本中学校体育連盟（現、公益財団法人。以下、日本中体連）と（財）全国高等学校体育連盟（現、公益財団法人。以下、全国高体連）を終息させ、市民が自主的・主体的に運営していく地域のスポーツクラブを全国に立ち上げるとともに、競技団体あるいはスポーツ少年団を中心とする指導体制を構築するという意見が強かった。

このきっかけとなったのは、２０００（平成12）年9月に国として初めて策定された「スポーツ振興基本計画」である。この計画は、2001(平成13)年度からおおむね10年間で実現すべき政策目標を設定するとともに、その政策目標を達成するために必要な施策を示したものである。

計画の柱は大きく2つだった。1つは、生涯スポーツ社会の実現に向けて、「総合型地域スポーツクラブの全国展開」を掲げ、到達目標を、「2010(平成22)年までに、全国の各市区町村において少なくとも1つは総合型地域スポーツクラブを育成する」とした施策である。

もう1つは、1996(平成8)年のアトランタ夏季オリンピック競技大会において我が国のメダル獲得率が1・7%まで低下したことを踏まえて、我が国の国際競技力向上に向けての施策である。「一貫指導システムの構築」を掲げ、到達目標を、2005(平成17)年を目途に、競技団体が作成した「トップレベルの競技者を育成するための指導理念や指導内容を示した競技者育成プログラムを全国に普及」し、オリンピックにおけるメダル獲得率1・7%を3・5%に倍増することをめざすとしたものである。

当時、文部省体育局内の地域スポーツや競技スポーツの推進を所管する担当課の基本方針は、運動部の活動が存続していると、総合型地域スポーツクラブの全国展開は難しくなるという立場だった。また、国際競技力向上のためには一貫指導システムの構築は不可欠という理由から、運動部の活動を地域の社会体育へ移行するという意見が強かった。

それに対して、生徒に夢と希望を与える運動部の活動を社会体育へ移行することは、学校の活力を奪うことになるため、絶対に譲れないという学校体育関係者の意見も強かった。私は行政の立場にありながらも、学校の部活動を地域スポーツクラブに移管することには反対であった。

学校教育活動の一環としての部活動を強く支持する現場の多くの教員と、総合型地域スポーツクラブの全国展開および国際競技力向上のための一貫指導システムの構築を推進したい競技団体および行政側（担当課）の2つの立場から、真剣な議論がおこなわれた。

当時、私が強く懸念したことは、「総合型地域スポーツクラブを立ち上げ、充実させるためにはどのくらいの期間・年数がかかるのか」「国際競技力向上のための指導をどこで誰が受けることができるのか」「活動はすべて夜間になるのではないか。それで、家族との生活や自宅学習等はどうなるのか」ということであった。また、総合型地域スポーツクラブや一貫指導システムの環境が整うためには一定期間が必要となる。「その間、生徒にとってはスポーツ活動の機会を奪われることとなり、混乱が予想されるのではないか」と危惧した。これに対し、「その間の混乱はやむをえない」との意見も出たが、その時期に中学生期や高校生期を過ごす生徒にとって、取り返しのつかないことをやってはいけないというのが私の強い思いであった。

結果、文部省体育局では、「地域スポーツを一層発展的に充実させるにせよ、国際競技力を向上させるにせよ、その基礎づくりは体育授業であり、運動部活動である。日本中体連、全国高体連がこれまで担ってきた役割は極めて大きい。この組織を存続・発展させていくことが重要である」という結論にたどり着いた。その後、外部指導者の導入を含めて、改めて運動部活動のいっそうの充実を図っていく傾向が強くなったのは周知の通りである。

なお、文部省初等中等教育局は、学校教育活動全体を所掌する立場から、学校および教員は多くの課題等を抱え負担が大きいゆえ「学校のスリム化」を図る必要があり、部活動を地域に出すほうが望ましいという意見が多かったと聞く。

前述のような運動部活動を巡る意見が交錯するなかで、全日本中学校長会と全国高等学校長協会は、その対応を協議している。

全日本中学校長会は、「部活動の現状と今後の展望について」①部活動についての現状と問題点、②部活動についての当面の条件整備、③部活動の今後の展望の3つに関し、校長としての考えを調査している（注19）。

この調査報告から、「部活動の社会体育への移行」について、**表7**のような結果が出ている。結果を見ると、社会体育への移行について「すぐにでも実現してほしい」「条件を整えつつ早い時期に実現してほしい」と考える校長は46・2%、教育活動としての意義が大きいので、「徐々に実現してほしい」「急がないことが望ましい」と考えている人は53・1%である。

その理由として、**表8**のような注目すべき結果が出ている。社会体育への移行を求める理由として、「地域社会として、子どもを育てることが大切な時代だから」が23・8%、「学校で多くの活動を抱え込みすぎているから」が20・8%、「顧問を引き受ける教員が減っているから」が11・8%である。これに対し、「学校の教育活動として、健全育成上の意義があるから」が22・7%、「生徒と教師がふ

表7　部活動の社会体育への移行

ア	すぐにでも実現してほしい。	27校	6.7%
イ	条件を整えつつ，早い時期に実現してほしい。	159	39.5
ウ	現状の教育活動としての意義が大きいので，徐々に実現してほしい。	156	38.7
エ	教育活動としての意義が大きいので，急がないことが望ましい。	58	14.4
オ	その他	3	0.7

表8　部活動を社会体育へ移行する（移行しない）理由

ア	生徒と教師がふれ合う場・機会として大切だから。	152校	18.9%
イ	学校の教育活動として，健全育成上の意義があるから。	183	22.7
ウ	教育活動としての意義は感じるが，顧問を引き受ける教員が減っているから。	95	11.8
エ	学校で多くの活動を抱え込みすぎているから。	168	20.8
オ	地域社会として，子どもを育てることが大切な時代だから。	192	23.8
カ	多くの生徒は，すでに塾や地域のクラブ等で多忙な日々を過ごしているから。	8	1.0
キ	その他	8	1.0

れ合う場・機会として大切だから」18・9％と移行に反対する意見も出されている。校長の意向としては、学校教育活動としての意義があるから現状のままという意見と、この際、社会体育へ移行してほしいという意見が拮抗していたことがわかる。

この調査は2000（平成12）年11～12月に実施されたが、15年後の今日でも同様な状況であろう。むしろ、学校はそのとき以上に忙しくなっているのが現状ではないかと察せられる。

一方、全国高等学校長協会も、中学校と同時期に、校長の意識調査をおこなうか否か、検討がなされたようだ。しかし、「社会体育に移行しようにも受け入れ先がない」「部活動は重要な学校教育活動であるから、外に出すことはあり得ない」「学校の特色として部活動は欠かせない」「中学校から高校への進路を決めるに際して、部活動は重要な要素である」などの意見があり、校長協会としては調査するまでもなく、部活動を学校教育活動として当然視する意向だったという。

3 部活動の法的位置づけ

学校現場の教員は、部活動が教育活動であるとの「認識」があるからこそ、戦後一貫して「生徒のため」と「体育・スポーツの振興のため」との思いで、部活動の指導に心血を注いできた。戦後の食糧難の時代には、宿舎に米を持参して大会に参加したこともあったという。そのような指導者の情熱を、時代が経過しようとも忘れてはならない。このような無償の尽力によって今日の運動部活動があるのだ。そして、その延長線上にインターハイなどの全国大会があることを肝に銘じる必要がある。

部活動が学校教育活動の一環であることの法的根拠はこれまでなかった。それはなぜか。教育課程以外の活動だからである。「教育課程は、(中略)各教科、道徳、総合的な学習の時間並びに特別活動によって編成するもの」とされている(注20)。部活動は教科ではないので、学習指導要領に位置づけることができないため、「教育課程外の扱い」になっていたのである。

そうは言っても、部活動が重要な教育活動であることには間違いない。そのため学習指導要領上、「総則3」の「学校における体育・健康に関する指導」の解釈によって位置づけされていたのである。つまり、体力の向上や心身の健康の保持増進のためには、保健体育科の時間だけではなく、『特別活動など』においても適切におこなうことが謳われていることから、その「など」を「運動部の活動」と解釈してきたのである。このことについては学習指導要領解説にくわしいので、参考にされたい。

そして、2008~2009(平成20~21)年、中学校・高等学校学習指導要領改訂において、「総則3」のみならず、「指導計画の作成等(高校は教育課程の実施等)に当たって配慮すべき事項」の13項に、「生徒の自主的、自発的な参加により行われる部活動については、スポーツや文化及び科学等に親しませ、学習意欲の向上や責任感、連帯感の涵養等に資するものであり、学校教育の一環として、教育課程との関連が図られるよう留意すること」が明記された。法令上、「教育課程外の扱い」

ではありながらも、部活動が初めて「学校教育の一環として、教育課程との関連」を図るべき教育活動とされたのである。

この「教育課程との関連」とは何か。当然のことながら中心は「保健体育」である。加えて「特別活動」の健康安全・体育的行事である。体育の授業で基礎的・基本的な知識・技能等を身につけ、さらに、運動部の活動でより高い水準の技能や記録に挑戦する過程で、スポーツの楽しさや喜びを味わい、技能を上達させる。上達した技能を体育の授業で仲間に教え、仲間の向上につなげることができるということである。このような好循環で、明るく生き生きした学校生活を送ることができる。まさに部活動は重要な学校教育活動である。

なお、1969（昭和44）年（高校は45年）学習指導要領の改訂で「クラブ活動」が教育課程に位置づいたとき、部活動が学校教育活動になったという見方が一部で起こったが、それはまったく違う。「クラブ活動」は、1998（平成10）年中学校学習指導要領（高校は11年）の改訂によって、すでに消滅している。完全学校週5日制に伴う授業日数減によることからである。

4 部活動の問題点に向き合う

部活動は、その一方で改善されなければならない課題があるのも事実である。まず、教員の勤務時間である。「日本の中学教員 勤務時間最長」(注21)という報道があった。経済協力開発機構(OECD)における国際教員指導環境調査によると、1週間あたり(土日を含む)、日本の中学校教員の勤務時間平均が33カ国・地域中で53・9時間(全体平均38・3時間)と最長であり、その4分の1が部活動や事務作業などに費やされていたという内容である。現場の教員から「多忙感」を訴える声が高まっているのは事実である。

ほかにも、生徒数の減少と運動部の不成立、教員の高齢化と顧問不足、スポーツ障害、行き過ぎた勝利至上主義、体罰等多くの課題があげられる。

生徒数の減少によって運動部の成立に支障を来している学校が少なくない。複数校による合同部活動や合同チームによる大会参加の道は開かれてはいるが、生徒たちは自校でのチーム編成を希望している。となれば学校の実態に応じた部を限定的に設置するほか手立てはなく、大会参加に向けた「総合部」や公募による部の立ち上げ、複数の部への所属を認めるなどの対応が必要となる。

教員の高齢化と顧問不足の問題は、部活動の意義をどこに求めるかによって対応が可能である。そもそも顧問とは、自主的・主体的に活動する生徒たちから、必要に応じて相談を受ける立場である。先頭切って指導していくことではない。また、競技の経験がないなどの理由から運動部の顧問を避けている例もあるが、周りを見渡せば、経験のない競技を任された教員が、新たな関心と意欲をもって生徒とともに打ち込んだ結果、立派な指導者になった人はたくさんいるはずである。

勝利至上主義やスポーツ障害も古くて新しい課題である。行き過ぎた勝利至上主義は、スポーツ障害や体罰を引き起こす危険性がある。顧問とはどういう立場か、部活動の意義は何か、部活動の主体は誰かなどについて改めて認識することが肝要である。その認識があれば、自己の感情をコントロールすることができ、体罰に及ぶこともなく、また適切な練習計画を立てることもできる。

勝利至上主義やスポーツ障害を改善するためには、学校段階によっては全国1位を決める必要はないという考え方もある。小学校段階は地域ごとの大会でよい。全国大会をおこなう場合でも、例えば8ブロックにしてそのブロック優勝に留める。中学校は4ブロック、高校はナンバー1を競う段階とするなどの工夫があってもよい。

どの課題も一筋縄ではいかないが、はっきり言えることは、学校教育活動として法的に明確に位置づいたことから、教員定数、授業の持ち時数、土曜日と日曜日の生徒引率の手当、外部指導者の活用等のいわゆるハード面の改善、そして、事務作業の見直しや軽減、競技経験のない運動部顧問の研修機会等のいわゆるソフト面の充実に向けて、これまで以上に全日本中学校長会と日本中体連、全国高等学校長協会と全国高体連が協働して、文部科学省、さらには（公財）日本体育協会と協議していくことができる状況にあるということである。

課題解決のための手立てを講じていくなかで、教員が安心して部活動指導ができるよう、行政と学校現場で知恵を出し合わなければならない。序章でも述べたように、中教審では「部活動指導員（仮称）」の創設を提案している。

教員は授業で勝負する。しかし、「教諭は生徒の教育をつかさどる」（学校教育法）のであり、授業だけではなく、生徒の多様な活動を積極的に支援していく。それが教育に対する信頼、生徒・保護者の信頼を得ることと考える。

上記の課題に関して参考資料をここに紹介したい。文部省では１９９６（平成８）年に学識経験者等に委嘱し、「中学生・高校生のスポーツ活動に関する調査」を実施している。これは、運動部活動をはじめ青少年のスポーツ活動については、一部に勝利至上主義の弊害が生じている例やスポーツ障害なども問題視されているという指摘を受けておこなわれた調査である。

また、中教審第一次答申（１９９６／平成8年7月）および保健体育審議会答申（１９９７／平成9年9月）でも、勝利至上主義的な一部のあり方の改善やスポーツ障害の予防など、運動部活動の運営のあり方に関する指摘・提言等が出されている。これらを踏まえ、当時の文部省では、運動部活動の現況や意義、課題、それらを踏まえた今後について検討している。その結果が、１９９７（平成９

年）12月、「運動部活動の在り方に関する調査研究報告書（注22）」（以下、報告書）として取りまとめられ、発表されている。

この報告書では運動部活動の意義を次のように示している。
○喜びと生きがいの場
○生涯にわたってスポーツに親しむための基礎づくり
○体力の向上と健康の増進
○豊かな人間性の育成
○明るく充実した学校生活の展開
また、調査結果から、運動部員や運動部顧問のみならず、全生徒、全保護者、全教員、校長のいずれも9割以上が、運動部活動は運動部の生徒の「現在の生活に役立つ」「将来のために役立つ」と考えていることが明らかになったとしている。

さらに、「これからの運動部活動と地域スポーツ（社会体育）との関係の在り方について」では、以下のようにまとめている。
○今後地域におけるスポーツ環境づくりが一層進展することを期待。
○生徒にとっては、学校教育活動の一環としての運動部活動や地域スポーツから自分のニーズにより合ったものを選択できるようになることがもっとも望ましく、全体としては、学校における運動部活動の適切な展開と地域スポーツの一層の振興を図り、両者の連携を図りながら、両者が相まって、多用な生徒のニーズにこたえる環境を整備するという考え方が妥当。

以上のような経緯から、当時の文部省では、施策として、従前の「体力つくり推進校」「運動部活動研究推進校」「選択制授業研究指定校」を「体育・スポーツ推進校」として組み替え、学校における体育・スポーツの課題について、総合的に実践研究することとなった。加えて、1999（平成11）年3月、「あなたの部に生かしてみませんか『みんなでつくる運動部活動』」を発行し、さらに充実した運動部活動が展開されることを期している。今日でも大変参考になる報告書である。ぜひ参考にされたい。

「知・徳・体」を育むことのできる運動部活動の意義を改めて認識した運営のあり方が、各学校に、顧問に、そして行政に求められる。

5 部活動が学校を活性化させる

(1)「一番の思い出は部活動です」

ここまで部活動の位置づけと意義等について述べてきたが、前述のように部活動は課外活動である。したがって、必ずしも学校生活で経験することが義務づけられているわけではない。しかし、思い返してみてほしい。学校生活のなかでの一番の思い出は何だったたであろうか。部活動での思い出をあげる人は非常に多いはずだ。それは、大会に出場したとか、活躍できたとか、そういったことだけではない。むしろ、日々の練習のなかで厳しかったこと、苦労したこと、それを克服したときの喜びがあったことなどではないだろうか。

また、卒業してからもずっと交流を続けられている仲間の多くは、やはり部活動を通じて親しくなった友が多いのではないだろうか。たとえ、同じ競技ではなくても、大会の成績を競い合っていたり、同じグラウンドや体育館の隣同士で汗を流していたり、そんな仲間が多くいるのではないだろうか。そこでの結びつきは、誤解を恐れず、あえて言わせてもらえば、授業でのみ結びついていたクラスの友人以上の深い絆となっているのではないだろうか。

部活動の最大の目標は全国大会へ出場し、そこで活躍することである。そのためにインターハイや全国大会が存在しているのだ。全国への出場をめざし、学校生活の思いの大半を注ぎながら取り組んでいる生徒も多いはずである。

もちろん、全国の檜舞台を踏める生徒やチームは限られている。であるからこそ、全国の舞台を目標として励むことはすばらしいことである。しかし、部活動の目的は、全国大会へ出ることでも、勝つことでもない。究極の目的は、1つの競技を通じて、心身ともにたくましく生きていけるようにすることである。それは、「上手になろう」「強くなろう」という思いで日々努力することであり、目標に向かって努力することのすばらしさを学ぶことである。そして、そのように過ごした日々こそが貴重であり、個々の宝となっていくのである。

そして、そんな生徒たちを指導する顧問は、結果よりもプロセスを重視し、部活動を通じて、生徒個々が何を得られたのかということを確認していくのである。そこで生徒の成長を認められれば、部活動としての目的を十分に果たしていると言えるのだ。課外活動として、限られた教科・科目のなかだけでは学びえない貴重なものを学ぶことができているのではないだろうか。部活動の指導を任された教員は、そんな思いを注ぎながら、生徒とともに汗を流していってほしいものである。

(2) 部活動が活発な学校は元気がいい

部活動に励んだ時間は生徒個々にとって貴重な宝となっていると同時に、それはそのまま学校そのものを活性化していくことにつながっていく。

よく言われることに、「部活動が活発な学校は、学校に活力がある」「部活動への加入率の高い学校は、元気がいい」といったことがある。

これは当然と言えば、当然のことである。なぜならば、部活動で対外試合をおこなうということは、学校を代表して競うことである。学校の名前の入ったユニホームを身にまとうことで、学校への誇りを感じることができるとともに、責任を感じるはずである。裏返せば、そのような誇りと責任をもてるような選手（生徒）を育てていくことこそが、指導者として、そして、教員としての役割であるのだ。

学校を背負っているという誇りと責任は、やがて学校を卒業して社会の一員になったときにも、組織への帰属意識や仕事に対しての責任感という点において、自然に生かされていくものと言ってよいのではないだろうか。

また、試合に向けて準備をし、努力をしていくということも、将来の自己形成に対しての貴重な経験となるであろう。それは、努力すれば、成果が出るということだけではなく、自分で努力をしても、なかなか結果がついてこないこともある、必ずしも思い通りにならないこともあるのだということもまた、経験できるからである。

高校運動部の全国大会は、野球に代表されるようにトーナメント形式の一本勝負であることが多い。したがって、最後まで勝ち残るのは1校のみという大会を戦い続けていくことになる。つまり、多くの場合頂点には立てないのである。それでも、そのプロセスにおいては、確実に成果を見いだしているはずだ。指導者としては、そのことを評価していくことで、生徒個々の精神的な成長も引き出すことができる。また、そうした生徒の姿を見ているほかの生徒もそこに刺激を受けないはずがない。十代のころは身近な仲間から受ける影響が大きく、「アイツが、あんなにがんばっているから」「あの子が、あれだけ努力しているから、私も負けられない」という思いを培っていくはずである。これが、部活動によって学校そのものが活性化していく背景とも言えるものである。

実際に、部活動の成果が学校を活性化させたと実感したことがあった。都立国立高校へ赴任して7

年目の1980(昭和55)年夏、国立高校が西東京大会を勝ち上がり、甲子園出場を果たしたときのことである。

周知の通り、私立大学の付属校なども多く、野球部を積極的に強化している私立高校が多い東京都の場合、都立校が甲子園出場を果たすのは奇跡に近いとさえ言われていた。実際、長い歴史のなかで都立校の甲子園出場は過去一度もなかった。ところが、その奇跡が起きたのである。しかも、準々決勝は延長18回引き分け再試合で勝ち上がった。将来は野球で身を立てていこうという思いなど特別にもち合わせていない、どこにでもいる普通の生徒たちの集まりだった国立高校野球部が、まさに、奇跡を起こしたのである。

そして、このことは学校そのものにもきわめて大きな活力を与えた。もともと、地域一番と言われる学校でもあったのだが、その年の進学実績はことのほかよかった。東京大学への合格者も例年以上であり、難関大と言われる学校への合格者も増えていた。野球部が実績をあげたことで、生徒たちが「本気になってやればできるのだ」という思いを、さらに強くしたからだ。

日々、机を並べている仲間が、奇跡とも言える快挙を成し遂げたのである。それが、ほかの生徒たちの刺激にならないはずはない。しかも、野球部の生徒たちはスポーツ推薦などまったくないなかで、東大に進学した者5人、主将は一橋大学に進学して、その後は大手新聞社に入社、スポーツを伝える立場にもなった。

こうした現実を目の当たりにして、改めて、「生徒たちはやるときはやるもんだ」ということを実感した。だからこそ、モチベーションが大切なのだということを再認識させられた出来事であった。そして、指導教員という立場からすれば、そうした生徒のモチベーションをどのように引き出していくのか、生徒の能力を最大限引き出すのには、どのようにして気持ちをつくらせていけばよいのか、そのことこそが、技術指導以上に大切であるということと、いかに切り替えを早くして、日々の授業および自宅学習を大切にすることが重要かということに気がついた。

(3)学校の存在を広く知らしめる運動部活動

中学や高校のスポーツ大会に対する注目度は、以前に増してあがっている。もっとも注目される高校野球では、大会前からスポーツ新聞などに有力校情報や注目選手の情報が溢れている。本大会の甲子園ともなれば全試合が全国放送されるが、地区大会にあっても地元局や地元紙では大きく取り上げている。そのことで、学校そのものも選手も広く知られることになり、学校の知名度はいっきに高まる。

実際、地区大会の放映スポンサーの多くに、学校法人や大学などが名を連ねていることからもわかるように、その広告効果が絶大だということだ。私立学校にとっては、多くの入学希望者を獲得するうえで学校スポーツが効果的であることが理解されているからである。

また、近年、箱根駅伝の人気が著しいが、その人気に目をつけて、関東の新興私立大学が、「箱根駅伝に出場して、学校の存在を広く知らしめていこう」という意識になっていくのも、学校経営としては当然のことと言えよう。

スポーツのもつ効力を学校が広報活動や認知活動の一環として活用することで、その学校の存在は広く知られていき、学校評価もあがっていく。選手自身にとっても、こうした形で学校に貢献しているという意識をもつことができれば、モチベーションという点からも大いなる効果があるであろう。

しかし、間違ってはならない。あくまで部活動という範疇から始まっている学校スポーツは、学校教育そのものに関わっているのである。その意識を学校経営に携わる大人がしっかりと確認していくことこそが、学校におけるスポーツの健全な発展につながっていくのであり、さらなる競技スポーツの発展につながっていくのだ。

注19　全日本中学校長会「部活動の実態及びあり方に関する調査結果報告」平成13年3月
注20　学校教育法施行規則、中学校はその第72条
注21　2014（平成26）年6月26日読売新聞
注22　中学生・高校生のスポーツ活動に関する調査研究協力者会議による。
※　編集協力（第5章）——手束仁

コラム

監督・コーチは観覧席に

私が東京女子体育大学に着任したころには柔道部がなかったことから、剣道部を任され、練習や大会引率などに携わってきた。

柔道の試合会場は、一言で言えば喧噪である。監督、コーチはおろか保護者からも罵声が飛ぶ。今でこそ体罰はなくなったようであるが、過去には散見された。一方、剣道の試合会場は規定により拍手のみの声援である。柔道とは実に好対照である。

武道は人間形成と言いながら、果たしてそうかと疑いたくなるほどの現状があるのは残念でならない。ルールに規定する・しないにかかわらず、相手を尊重する態度や自己を律する心などの克己心を養うことが伝統的な見方・考え方であり、伝統的な行動の仕方を身につける・身につけさせることが大切である。指導者は、武道本来のよさを広く一般社会に知らしめていく必要がある。

大会会場に観覧席があるような国際大会や全国大会では、監督・コーチは皆、観覧席にあげてしまったらよいと考える。ラグビーのように。そのことによって選手自らが主体的に考え、試合を展開することができる。試合中、監督の意向をうかがうような姿は見たくない。

終章 学校体育・スポーツの力

要旨

我が国の競技スポーツや地域スポーツを支えてきたのは学校体育・スポーツである。その学校体育・スポーツには、①運動やスポーツの楽しさや喜びを享受させる力、②スポーツとのさまざまな関わりを体得させる力、③スポーツの文化的内容を伝える力がある。

これまでにも述べてきたように、次期学習指導要領改訂の動きが急である。しかし、教育理念や基本的な考え方はこれまでと大きく変わるものではない。国研では「21世紀型能力」「アクティブ・ラーニング」が強調されている。中教審教育課程企画特別部会における「論点整理」では、育成すべき資質・能力として「3つの柱」が示された。

新しい教育課程のもとで、学校体育・スポーツがもつ力を発揮させるために我々がなすべきことは何か。それは、「運動やスポーツを楽しむ」という学校体育の原点を見据え、その見方・考え方のなかで、教えることはしっかりと教えるという立場を貫いて、指導内容と方法の改善を図ることである。それこそが、教科体育・保健体育の究極的目標を達成し、すべての子どもに運動有能感を味わわせうる最も有効な方法なのである。

今後とも学校体育・スポーツが、地域スポーツ、競技スポーツ、そして障害者スポーツの中核であり続けるために、体育授業を小学校から高等学校までの12年間必修として位置づけ、部活動についても学校教育活動として揺るぎのないものにしていく必要がある。

これまで長年にわたり、そしてさまざまな立場で学校教育と関わってきた私は、言わば学校体育・スポーツのもつ力に魅了されている一人であろう。その力が真に発揮されれば、子どもたちが明るく豊かで幸福な生活を送ることができると信じている。

終章にあたり、学校体育とスポーツのもつ力について考え、その力を存分に発揮させるために、我々は何をなすべきか、私なりの提案をしていきたい。

1 学校体育・スポーツの力

(1) 運動やスポーツの楽しさや喜びを享受させる力

「学校体育・スポーツの力とは?」と問われれば、第一に「運動やスポーツの楽しさや喜びを味わわせることができる」と答える人は多いであろう。

しかし、一口に「運動やスポーツの楽しさや喜び」と言うが、体育授業におけるそれらをどのように捉えたらよいのだろうか。答えは、高田典衛の「よい授業の条件」を裏返して見ていくなかにあると私は考える。

高田典衛は、「よい授業の条件」について、次のように示している(注23)。

①精一杯運動させてくれる授業（運動の快適さ）
②ワザや力を伸ばしてくれる授業（技能伸長の認知）
③友人と仲良くさせてくれる授業（仲間との明るい交友）
④新しい発見をさせてくれる授業（知的探求心の満足）

①精いっぱい運動ができた（快適な汗をかくことができた）

「精いっぱい運動ができた」「心地よい汗をかくことができた」「スカッとした」「すっきりした」などの心身にわたる運動の効果は、すべての運動やスポーツに共通する楽しさ・喜びである。

児童生徒の体力の二極化が警鐘されている今日、体育授業のなかで精いっぱい運動することは、その解決の糸口となりうる。授業でさまざまな運動やスポーツをおこなうことによって、脳や筋肉が活性化され、実生活でも身体活動が積極的かつ豊かなものになり、同時に心理的な安定感も高まる。すなわち、心と体は一体であるという運動の価値を、楽しさとして実感させることができる。

②力がついた、技が伸びた（自己の能力と発達段階に応じた知識と技能が身についた）

体育授業においては、基本的には自己の能力に応じた知識と技能を身につけることが楽しさにつながるのだが、「上手になりたい」という子どもたちの欲求は大切にしなければならない。

そのためには、技能の習得・向上が不可欠であり、学習指導要領解説に例示された学校段階および発達段階に応じた一定の動きや技術の習得を保証する、つまり、めざす目標・ゴールに向けて技術を基礎から丁寧に情熱的に指導していくことによって、「努力してできるようになった」「目標を達成できた」という喜びを味わわせることができるのである。

③仲間の支えがあった（仲間から認められていると実感できた）

仲間の存在を意識することは大きい。スポーツでも、社会生活においても仲間の大切さは論を俟たない。その仲間との出会いや交流そのものが運動の楽しさや大きな喜びである。

そもそもスポーツは、仲間との関わりがなければ成立しない文化であるが、特に学校体育・スポーツでは、先生や同級生、先輩や後輩との多様な関わりが意図的に仕組まれており、「自分は認められている」という実感を得る機会が豊富に提供される。

④わかった、そうかという気づきがあった（自己の課題を自分なりに工夫して解決できた）

取り組んでいる運動やスポーツの技術や練習方法などを理解し、そのうえで、自己の課題に気づき、自分なりの努力で解決できたという経験は、すなわち運動の楽しさや喜びの体験であり、それが自信につながる。学校体育・スポーツでは、学習カード等において、そういった知識が提供され、また、目標に向けての創意工夫や努力が適正に評価される。

このように考えると、運動の楽しさや喜びは、「生きる力」「21世紀型能力」、そして今、中央教育審議会（以下、中教審）で議論されている「育成すべき資質・能力」と見事に一致している。すなわち、運動に関する知識や理論と実技能力を身につけることは、「知識・技能」として基礎的・基本的なところである。これらを活用して自分なりの課題を見いだし、仲間と協力しながら得た力をゲームや試合に生かし達成感を得ることは、「思考力・判断力・表現力等」を高めることにほかならない。このような学びの過程を通して、生涯にわたって運動に親しむ資質・能力を身につけさせることが体育の意図するところである。人間性を高め、実生活・実社会に生かすことができるようにしているのが体育なのである。

このような見方・考え方をもって実践していくことによって、すべての子どもたちが運動やスポーツの楽しさや喜びを享受する力を身につけることができる。

(2) スポーツとのさまざまな関わりを体得させる力

スポーツ社会学等では、対スポーツには、「する」「みる」「支える」「調べる」関わりがあるとされている。しかし、それは人間とスポーツの基本的な関わり方であるので、ここでは、学校の教員や子どもたちにとっての運動やスポーツとの関わり方を整理することが肝要と考えた。

学校生活のなかでの関わりには、言うまでもなく「する側（ｄｏ）」としての関わり方と、「みる側

（ｗａｔｃｈ）」という関わり方がある。体育の教員や運動部活動顧問・コーチ等の場合は、さらに「教える（ｔｅａｃｈ）」という立場としての関わり方がある。同時に子どもたちにとっても、学び合うなかで「教える（ｔｅａｃｈ）」という関わり方があり、実はこの教え、学び合う局面は人として成長していくうえできわめて有用な局面である。

それぞれの関わり方は、いずれも次の３つの要素から成り立っている。

○する　……　楽しむ　学ぶ　勝つ
○みる　……　楽しむ　応援する　伝える
○教える　…　調べる　支える　育てる

①する

「する」関わりの「楽しむ」という要素は、自己の興味・関心や能力・適性等に応じて、それぞれのスポーツ固有の楽しさや喜びを味わうということである。これが基礎となって、社会に出てからは、草野球やママさんバレーなどに代表されるように、娯楽としてスポーツを楽しむことができる。スポーツそのものを楽しむことで、心身ともに健やかになり、健全な生活を送っていく糧になる。スポーツがもたらす基本的な要素である。

「学ぶ」という要素は、スポーツを楽しむ過程で、種目の技術構造やルール、戦術、その背景にあるものの見方や考え方、歴史などを学ぶことである。加えて、スポーツを通じて体験的に気づく、やればできるということを自覚するなどの学びがある。実践して初めて学ぶことは多い。

「楽しむ」「学ぶ」という要素は、とりわけ学校体育のなかで非常に重要な関わりとなる。

さらに、「勝つ」という要素は、スポーツをするうえでの原点とも言える。勝つために自己の能力・適性等に向き合い、知識・技能を高め、戦略や作戦を練り、戦術を駆使して果敢に相手に挑戦していくところがおもしろい。勝った喜び、負けた悔しさを味わう。

この要素は、体育の授業よりも運動部活動で体験することが多いかもしれない。なかでも、学校を代表して学校のユニホームを着用し、学校の名を背負って戦っていくことで、得られることは多い。勝負へのこだわりや学校を背負っているというプライド・責任を育んでいくことになる。

②みる

「みる」スポーツの「楽しむ」という要素は、スポーツ観戦として、今や日本の文化に定着していると言ってよい。観客動員数の増加、テレビ中継の視聴率の高さがその証左である。フィギュアスケートやプロ野球、サッカーなどに代表されるように、高い技術を目の当たりにして憧れ、精神の高揚にもつながっていく。これらの関わりがあればこそ、体育の授業等に意欲的に取り組むことができ、技術や体力の向上につながっていく。

そして、スポーツをみて楽しむことは、好きな選手やチームに対して「応援する」という気持ちに発展する。高校野球の応援スタンドやサッカーのサポーターなどに代表される。授業でも、仲間の活躍を応援し、一体感をもつことは重要な学びとなる。

さらには「伝える」という要素。これはスポーツ報道に代表されるが、試合結果はもちろんのこと、スポーツドキュメンタリーという形で、選手やチームが今の成果を上げるに至ったプロセスなども紹介されるまでになっている。

生徒にとっても、仲間に自分たちの試合の状況等をホームルーム等で「伝える」ことや、学校新聞に投稿してさらに関心をもってもらうよう努めることで、生徒相互の理解が深まる。その際、どのような伝え方をするのが効果的なのか、その競技の本質やあり方も把握していくことから、学力の重要な要素である思考力・判断力・表現力を高めることができる。

③教える

最後に、「教える」という関わり方であるが、この要素こそが、保健体育教員と運動部顧問教諭が担うべき関わりであり、役割でもある。

「教える」となると、技術指導のことと考えてしまう傾向が強いが、それだけではない。生徒には、仲間との人間関係や勉強との両立の悩み、スランプやプラトーに陥っている悩み、人には言えない家庭の問題などもある。それらに共感し、共に解決策を模索するなかで、むしろ人としての生き方・あり方を「教える」ことが重要なのである。そして、指導者の「教える」という関わりがあればこそ、生徒相互の「教え合う力」が醸成される。

教える要素の1つ「調べる」は、非常に範囲が広い。競技のルールや歴史、技術の変容と発展、現代スポーツの問題点やドーピング等を「調べる」、あるいは、技術・戦術指導のポイントや練習方法、体力トレーニングやメンタルトレーニングの方法、スポーツ栄養学等を「調べる」など、「教える」側に立ったとき、「調べる」という要素は非常に多い。これは、「する」側の「学ぶ」、「みる」側の「伝える」という要素にもつながっている。

次に、「支える」という要素をスポーツを「教える」という関わりで考えてみると、人を「支える」、競技会等を「支える」、地域や学校といった組織を「支える」ということがあげられる。相手の立場に立って教え、指導や助言をするということは、その人を「支える」ことにほかならない。顧問教諭と生徒たちが中体連や高体連の大会の運営等に関わっているということも「支える」ことだ。地域や学校の活力を高めていること、学校の特色を強く打ち出すことができるということは、まさに「支える」ことである。このことは「みる」側の「応援する」ことや、「する」側としての「勝つ」ことにも発展していく。

さらには、「育てる」という要素。このことこそ、保健体育教員や部活動顧問教諭等としては、スポーツを通じて最も顕著な効果を示すことができる要素である。運動やスポーツを通して体力が向上したり、体が健康になったりするだけではなく、精神的に成長するということは非常に大事な要素である。人を「育てる」ということは、心身にわたる成長を見守るということであり、こんなに魅力的な関わりはない。このような指導者の関わりがあればこそ、生徒相互の関わり合う力が増し、「育ち合い」が導かれるのではないか。

このように、これら3つの要素を改めて整理すると、学校生活のなかでの運動やスポーツとの関わりは、「生きる力」としての「知・徳・体」を自ら育む営みに直結していることに気づくことができる。

(3)スポーツの文化的内容を伝える力

スポーツとは、ある一定のルールや条件のもとで競い合う運動として生み出され、長い年月をかけて、さまざまな工夫が施されて発展してきた文化だと捉えることができる。競技方法やルール、技術や戦術、施設や用具などがスポーツの文化的内容であり、学校体育・スポーツは、子どもたちにこうした側面を伝え、学ばせる力をもっていると言うことができる。

①スポーツ文化(運動文化)を知的に理解させることができる

まずもって、運動やスポーツそのものの価値について「体育理論」の授業で、知的にしっかりと学ばせることができる。例えば、大修館書店発行の中学校の教科書「保健体育」では、その第3単元である「文化としてのスポーツ」のなかで、①生活を豊かにするスポーツ、②国際的スポーツ大会の役割（オリンピックを学ぼう）、③人びとを結ぶスポーツを学習する。同じく高等学校の教科書「現代高等保健体育」の第1単元「運動・スポーツの文化的特徴」のなかでは、①人間にとって「動く」とは何か、②スポーツの始まりと変遷、③文化としてのスポーツ、④オリンピックと国際理解、⑤スポーツと経済、⑥ドーピングとスポーツ倫理を学習することになっている。

しかし、残念ながら学校現場では、この体育理論の指導が十分おこなわれていない実態があり、生徒はこれらのことについての理解が足りない。運動やスポーツをやらされているだけで、その運動やスポーツを学ぶ価値を認識することなく体育の授業を受けている面がある。運動やスポーツの歴史的・文化的価値について知的興味・関心をもたせることによって、生徒自らその意義を見いだし、自主的・主体的に運動やスポーツを実践できるようにしていかなければならない。

②技能習得のための練習の意味や意義を理解させることができる

運動技術を身につけるためには練習を繰り返すことが必要である。しかも、それをただ闇雲に繰り返すのではなく、練習の仕方を工夫することが求められる。学校体育には、体育理論における「運動の学び方」の学習をはじめ、練習の意義や具体的な練習方法を学ぶ機会が数多く用意されている。

例えば、先生から、その技術に類似する動きや系統性・発展性を踏まえた指導を受けることで、子どもたちは段階を踏みながら技能を習得していくことができる。どのような技術をどのように練習すると効果的であるか、まさにスポーツ文化として、これまでに積み重ねられた実績を学ぶことができるのである。

その学びを保証するためには、教材研究がおろそかになってはいけない。過去の実践事例や専門書を手にすることなく、その競技をしていたという経験則だけに頼った指導、その一方で、武道やダンスにありがちなように、専門的に学んだことがないからその指導を避けたがる傾向などはもってのほかである。教材研究によって新たな指導法を発見し、意味ある練習を繰り返すことによって、児童生徒の技能の習得・向上を確かなものにしていきたい。

③競技方法やルールの工夫の意味や意義を理解させることができる

スポーツを楽しむためには、ルールは欠かすことのできない要素であるが、体育授業においては、そのルールや競技方法を自分たちの技能レベルや施設・用具に応じて変更するなど、柔軟に対応することが可能である。

試合やゲームは、身につけた動きや技術を技能として高めるためにも、その技能を確かなものにするためにも必要な学習内容である。試合やゲームにその技能が生かされて初めて大きな喜びになる。それが励みとなって、新たな動きや技術に挑戦する意欲が高まる。

子どもたちは、試合やゲームを通してルールの意味やルールを守ることの意義を学んでいく。と同時に、みんなが楽しむためには、「スポーツはいかようにも変更可能な文化であること」に触れる。ゲーム（競技方法）やルールの工夫によって、スポーツの文化的価値を知らせ、生涯スポーツにつなげるための力を身につけさせたい。

④フェアプレイ、スポーツパーソンシップの意味や意義を理解させることができる

我々が今日スポーツを文化として享受できるのは、学校体育・スポーツ（ことに運動部活動）においてフェアプレイやスポーツパーソンシップが強調され、それらを身につけさせるべく指導されてきたからだと考える。端的に言えば、スポーツを通した健全育成という考え方である。欧米に比して、我が国においてはこのような見方・考え方で倫理性を高めてきた。

しかし、競技スポーツが大きくクローズアップされている今日、行き過ぎた商業主義とそれに伴う勝利至上主義で倫理性が危機にさらされていると言っても過言ではない。学校においても、運動部活動における体罰やその体罰を苦にした生徒の自殺、上級生によるいじめと暴力が後を絶たない。勝つためには反則もいとわない。口汚くヤジを飛ばす。監督やコーチの前では正しい行動をとるも、それ以外のところでは不遜な言動や勝てば何でも許されるような言動など枚挙にいとまがない。

それらは、過去にも指摘されてきたことではあるが、今日のドーピング、パワハラ・セクハラ、中央競技団体の強化費等の不正行為、プロ野球等における違法賭博、加えて垂れ幕による人種差別などが、学校体育・スポーツにもその影を落としていくことが懸念される。顧問教諭だけでなく生徒自身もこれらのことを見聞きするにつけて、意図するしないにかかわらず感覚的に麻痺し、社会性を身につけないまま卒業していくことがあるとすれば恐ろしいことである。スポーツの文化的価値の学びを

通して、スポーツ倫理を継承・発展させていかなければならない。

このように学校体育・スポーツは、文化としてのスポーツをすべての子どもたちに伝えていくことができる唯一の学びの場である。さまざまな課題を克服しながら、子どもたちの成長を保証し、文化としてのスポーツの発展に寄与していくことができる。

2 新しい教育課程で学校体育・スポーツの力を発揮させるために

前項で学校体育・スポーツが潜在的にもつ力を整理した。その力を、これからの学校教育でいかんなく発揮するために、体育に従事する者は何をどうおこなっていくべきか、今後注目される教育の方向性を紹介しながら、最後にいま一度、体育授業・運動部活動の存在意義と役割を述べて、本書のまとめとしたい。

(1) これからの教育の方向性を確かめる

①「21世紀型能力」

さて、学習指導要領の次期改訂に向けて、現在、国立教育政策研究所（以下、国研）では「21世紀

図10 「21世紀型能力」（国立教育政策研究所HPより引用）

1）実践力が21世紀型能力，引いては生きる力に繋がることを示すために，円の最上に位置づけ
2）3つの資質・能力を分離・段階的に捉えず，重層的に捉えるため，3つの円を重ねて表示（例：基礎力は思考力の支えとなるが，思考力育成に伴って基礎力が育成されることもある）
3）いかなる授業でも3つの資質・能力を意識して行うために，3つの円を重ねて表示

型能力」について議論している。「21世紀型能力」は「教育課程の編成に関する基礎的研究 報告書5」**(注24)**に示されている。読み進めているうちに「なるほど」という感覚になった。なぜならば、「21世紀型能力」とは、これまでのキーワードである「生きる力」を発展的に変えうる教育理念ではないかという期待感がもてたからである。

現段階では、「21世紀型能力」は、**図10**のように、「基礎力」「思考力」「実践力」の3つから構成され、その中核に「思考力」が位置づいている。「思考力」を支えるのが「基礎力」であり、「思考力」の使い方を方向づけるのが「実践力」であるとされているところが特色である。

「基礎力」として読み・書き・そろばんだけでなく、「言語、数、情報（ICT）を目的に応じて道具として使いこなすスキル」としているように、情報リテラシーを加えていることが注目される。

「思考力」は、「問題解決・発見力・創造力、論理的・批判的思考力、メタ認知・適応的学習力から構成される」とされ、知識や技能の「習得→活用→探求」のレベルに留まらない。つまり、自己の課題の発見・追究のみならず、批判的思考力とメタ認知をもって、新たな問題解決力や創造力に向かう「思考力」ではないかという受け止め方ができる。メタ認知とは、自分なりの見方・考え方をしながら、もう一人の自分が現在進行中の考え方や行動について「これでよいのか、ほかの考え方はないのか」と、言わば自問自答して、その認知を確かなものにしていくことと考えてよい。

加えて、「実践力」を重要な柱の1つとして位置づけていることが大きな特色である。「実践力」は、「自己形成（自律的活動力）、他者との人間関係形成（人間関係形成力）、社会や未来形成（社会参画力・

持続可能な未来への責任）にかかわる力や価値」から構成される。

しかも、「知識と思考力を実生活・実社会で活用し、いかに行為すべきかを決定し、実際に問題を解決していくための力が実践力である」と定義されていることから、何をめざし、何を大切にして行動するかという価値判断を重視していると捉えることができる。私たちは、日常生活において得た知識や思考力、経験則などを総合的に照らして判断し、行動している。それゆえ、「体験を振り返って学習した価値を内面化する思考、いわゆる『価値の内面化』が図られる」と述べられていることには首肯できる。

今後、保健体育科では「21世紀型能力」をどのように捉え、教科固有の目標と内容をどのように設定することができるか、検討に値するのではないかと考える。「基礎的研究 報告書5」をよく読みとり、これをもとに熱い議論をしていきたいものである。中教審、国研等のこの先の論議が楽しみである。

②「アクティブ・ラーニング」

近年、よく用いられるようになった「アクティブ・ラーニング」の考え方や方法についても付記しておかなくてはなるまい。

というのは、先にも述べた文部科学大臣の中教審に対する「初等中等教育における教育課程の基準等の在り方について（諮問）」（平成26年11月20日）で、この「アクティブ・ラーニング」が強調されているからである。

「アクティブ・ラーニング」とは何か。諮問文には次のように示されている。『何を教えるか』という知識の質や量の改善はもちろんのこと、『どのように学ぶか』という、学びの質や深まりを重視することが必要であり、課題の発見と解決に向けて主体的・協働的に学ぶ学習（いわゆる『アクティブ・ラーニング』）や、そのための指導の方法等を充実させていく必要があります。こうした学習・指導方法は、知識・技能を定着させる上でも、また、子供たちの学習意欲を高める上でも効果的であることが、これまでの実践の成果から指摘されています」。

なぜ「アクティブ・ラーニング」の考え方が強調されたのか、その背景を探ってみよう。この件に関しても、諮問には次のように示されている。「ある事柄に関する知識の伝達だけに偏らず、学ぶことと社会とのつながりをより意識した教育を行い、子供たちが、そうした教育のプロセスを通じて、基礎的な知識・技能を習得するとともに、実社会や実生活の中でそれらを活用しながら、自ら課題を発見し、その解決に向けて主体的・協働的に探究し、学びの成果等を表現し、更に実践に生かしていけるようにすることが重要である」。

ここからわかるように、単なる知識を得るということではなく、実社会や実生活のなかで、具体的に知識や技能を活用しながら学びの質を高めていくという考え方である。したがって、これまでの「生きる力」や「総合的な学習の時間」でも言われてきたことが、改めて整理され強調されていると言うことができる。

学習の方法としては、問題解決学習、体験学習、グループディスカッション、ディベート、グループワーク、ロールプレイングなどが考えられるであろう。そのため、指導法として、言語活動や探究的な学習活動が促進されるようなしかけやICTを活用した指導など、学びを充実させていくためのより具体的な方法が検討されなければならない。

実技である体育の場合、留意すべきは運動量との関わりである。グループでの話し合いやICTを活用することはよいが、それに時間を取りすぎて主たる運動実践が乏しくなることは避けなければならない。単元計画のなかで、基礎・基本となる動きや技能を身につける時間、チームや自己の課題は何かを話し合う時間などを適時・適切に保証できるよう、学習の道筋に工夫が必要である。

あえて付記すれば、この「アクティブ・ラーニング」に類する指導の工夫は、これまで特に小学校や中学校では、実践的に数多くおこなわれてきた。むしろ高等教育の改善に向けて指摘されたことである。さはさりながら、その趣旨を生かして改めて授業改善の糸口を見いだしていきたい。つまり、形式的に話し合いをしてよしとするものではない。学びの質や深まりが求められる。子どもたちの話し合いを見ていると、間違った情報や意見を述べていることも少なくない。それに惑わされて課題解決の方向が定まらないで班長が困っている様子がある。また、よくわかっている生徒が、目立ちすぎないようにということからか発言を遠慮している様子も伺える。教員は適切な指導をして、子どもたちが確かな方向性を見いだしていくようにしなければならない。

③中教審の論点整理

中教審・教育課程企画特別部会では、２０１４年の発足以降改訂の方向性を議論し、その論点を２０１５（平成27）年８月20日に公表した。

部会は、論点整理についての意義を次のように記している。２０３０（平成42）年の社会とその先の豊かな未来を築くために、「学校を、変化する社会の中に位置付け、教育課程を全体的に体系化することによって、学校段階間、教科等の相互連携を促し、さらに初等中等教育の総体的な姿を描くことを目指すものである」。学校種を超えて、教科の枠を超えて、グローバル社会に対応するカリキュラムのあり方をめざして改訂していくことを宣言している。

ここで注目すべきは、育成すべき資質・能力を以下の「３つの柱」で整理していることである。

①「何を知っているか、何ができるのか（個別の知識・技能）」
②「知っていること・できることをどう使うか（思考力・判断力・表現力等）」
③「どのように社会・世界と関わり、よりよい人生を送るか（学びに向かう力、人間性等）」

「21世紀型能力」と定義された「基礎力」「思考力」「実践力」がそれぞれ「個別の知識・技能」「思考力・判断力・表現力等」「学びに向かう力、人間性等」と整理され、見事に一致している。

もっと言えば、学力の３要素として学校教育法第30条第２項が定める「知識・技能」「思考力・判断力・表現力等」「主体的に学習に取り組む態度」とも一致しており、「生きる力」で言う「確かな学力」を育んできたこれまでの取り組みを、さらにグローバル社会に向けて発展させていくことが求められていると考えることができる。これまでの取り組みを百八十度変えるという話ではない。

この論点整理のなかで、体育について改訂の方向性を具体的に示唆する部分があるので、紹介しておきたい。

○学習したことを実生活や実社会で生かし、運動の習慣化につなげること
○技能や知識、思考力・判断力・表現力等、公正・協力・責任・参画等の態度をバランスよく育むこと
○幼児期に育まれた健康な心と体等の基礎のうえに、小・中・高等学校教育を通じて育成すべき資質・能力を、3つの柱（筆者注：前述の「3つの柱」）に沿って明確化し、バランスよく育成していくこと
○東京オリンピック・パラリンピック競技大会を契機としながら、各学校段階を通じて、運動やスポーツへの関心を高め、「する、みる、支える」などの多様なスポーツとの関わり方を楽しめるようにしていくこと
○国際的なスポーツ大会の役割について新たにパラリンピックを含めて学ぶこと
○他教科等における学習とも連携しながら、東京オリンピック・パラリンピック競技大会の成果を未来への遺産として子どもたちのなかに根づかせていくための学びを充実させていくこと

箇条書きとしてまとめたのは筆者であるが、ここからわかることは、これまで体育が真剣に取り組んできた実績を基盤に、新たな視点をもってさらなる充実を図っていくことで、次期学習指導要領に対応できるということである。

そして今後大いに検討すべきは、上記の「3つの柱」に関する「育成すべき資質や能力」とは何かを、改めて学校段階・発達段階に応じて見直すことである。

(2)学校体育・スポーツの力を存分に発揮させよう

次期学習指導要領を見据えて今、現場の体育教員が最もしなくてはならないことは何か。それは、高校を卒業するまで必修として位置づく教科体育・保健体育の必要性と存在意義を再確認することである。そのうえで、学校体育・スポーツの力を存分に発揮させるために、何をすべきか、改めて考えることである。

①運動やスポーツを楽しむという原点回帰を

学校教育であるから、体育・スポーツを通して人間形成、健全育成、体力の向上、健康の増進をめざすのは当然のことである。しかし、それを前面に押し出していくと子どもたちはついてこない。教師主導画一一斉指導が立ちゆかなくなったことがその証左である。運動部活動における体罰や暴力問題等も根っこは同じである。

改めて「運動やスポーツを楽しむ」という原点をしっかり見据え、その見方・考え方で指導内容と方法の改善・充実を図っていく。子どもたちの自主性や自律性を引き出すためには、この原点に立つことこそがもっとも必要なことである。そのことが結果として、人間形成等に資すると考えられるからである。

幼児から小学生のころは、遊びや日常生活を通じてよく動ける体をつくる。中学生のころはいろいろな運動やスポーツを学び、健康で丈夫な体をつくる。高校生のころは得意なスポーツをつくる。そして、年齢に応じて、得意なスポーツを生かし、健康や体力を維持する。あるいは、競技スポーツを楽しみ、さらには生涯スポーツを楽しむ。このように人としての成長と運動やスポーツの広がりをもたらしていくことができるようにしたい。

中教審論点整理の体育についての改訂の方向性にある「学習したことを実生活や実社会で生かし、運動の習慣化につなげること」や「『する、みる、支える』などの多様なスポーツとの関わり方を楽しめるようにしていくこと」の実現を図っていく。このことによって、心と体を強くし、仲間づくりが広がり、ひいては人と国を元気にすることができる。

②教えるべきことは繰り返してでも教え、身につけさせる

現行の学習指導要領解説には、学校段階や発達段階に応じた基礎的・基本的な動きや技能が例示されている。しかし、限られた授業時数では例示された技能すべてを習得させるのは難しい（次期の学

習指導要領改訂ではさらに精選されることが必要と考える)。

そこで必要なことは、運動領域や種目を卒業までの6または3年間を見通して年間指導計画に位置づけるとともに、そのねらいを明確にし、取り扱う動きや技能を精選し、教えるべきことは繰り返し教え、身につけさせることである。そして、単元の学習段階に応じた簡易試合やゲームを工夫し、そのなかで技能等を生かすことができるようにする。身につけさせることができたかどうかを確認(形成的評価)しながら次の段階に高めていく。このような、「技能の習得」→「活用」→「基礎基本に戻っての確認」と、徐々に技能レベルを高めていくようなスパイラル方式の学習の道筋が効果的である。

子どもたちは表面的な楽しさを求めているのではない。「ワザや力を伸ばしてくれる授業」を求めているのである。教員としての指導力が期待されている。何のために技能を習得し高めるのか、何のために体力の向上を図るのか、自分の言葉で常に用意し、適時に子どもたちに伝えていくことが肝要である。

運動部活動においても、同様な考え方で、顧問教諭は外部指導者や上級生と密接な連携を図りながら活動計画を練り、無理のないレベルアップを図っていく。中学校第1学年と高等学校1年次に事故が多く発生しているのは、技能や体力等の差があるなかで、公式試合に向けてその向上を急ぎすぎているからとみることができる。

③教科体育・保健体育の究極的目標の実現をめざす

現行の学習指導要領の究極的目標は「楽しく明るい生活を営む態度を育てる（小学校）」「明るく豊かな生活を営む態度を育てる（中学校）」「明るく豊かで活力ある生活を営む態度を育てる（高等学校）」とある。実は、体育・保健体育では単に技能や体力、健康の増進が究極の目標ではない。「生涯にわたって豊かなスポーツライフを継続するための資質や能力、健康の保持増進の実践力及び健やかな心身を育てることによって、生きがいをもち、現在及び将来の生活を健康で活力に満ちた明るく豊かなものにするという教科の究極の目標を示したものである」（高等学校の「解説」から）ことを肝に銘じ、小学校段階からその実現をめざしていかなければならない。「学習したことを実生活や実社会で生かし、運動の習慣化につなげること」という改訂の方向性に直結していると考える。

そのために必要となる「運動に親しむ資質や能力の育成」「健康の保持増進のための実践力の育成」「体力の向上」が具体の目標としてあることを改めて認識したい。体育・保健体育は決して気晴らしやリラクゼーションではないこと、いわんや遊び的感覚ではないことを、授業を通して子どもたちに実感させなければ、卒業まで必修と胸を張ることはできない。

④めざすべきは「運動有能感」を高めることである

子どもたちの興味・関心や能力・適性等は多様である。一人ひとりに個性がある。だから人はおもしろい。人間関係も時には難しいが、それがまたよい学びとなり、人として成長することができる。

表9　運動有能感を構成する3因子（注25）

因子	特徴
身体的有能さの認知	自己の運動能力，運動技能に対する肯定的認知に関する因子
統制感	自己の努力や練習によって，運動をどの程度コントロールできるかという認知に関する因子
受容感	教師や仲間から受け入れられているという認知に関する因子

学校体育・スポーツにおいては、そのようなことを学ぶ機会が実に多い。

まずもって、体育の授業や運動部活動では、その子なりに、運動やスポーツは得意であるという自信をもたせたい。相対的な比較の問題ではなく、自己認識を高めることが重要である。体育に苦手意識や劣等感をもつ子どもたちをなくし、「趣味はスポーツ、得意な種目はこれこれ」と自信をもって言えるようにさせたい。さらに、高い技能レベルをもちながらも運動やスポーツから遠ざかっていく子どもをなくしたい。

その実現のためにキーワードとなるのが「運動有能感」である。運動有能感とは何か。それは、**表9**にあるように、①身体的有能さの認知、②統制感、③受容感の３つをもって構成される。まずもって自分の運動能力や技能に対して肯定的な自己評価ができること、次いで、自分の努力や繰り返し練習をしたり工夫したりすることによって、その運動技能を高めることができるという思い、そして、その努力を教員や仲間から認められている、受け入れられているという思いである。

子どもたちの運動有能感を高めるためには、技能レベルの高さだけではないことに十分留意して指導にあたることが求められる。身体的有能さの認知と同時に、統制感や受容感を高めることが重要な課題なのである。このような考え方で指導にあたれば、すべての子どもたちに運動の楽しさや喜びを味わわせることができ、体育嫌いを、運動嫌いをなくすことができる。このことが「生きる力」すなわち「知・徳・体」を育むのである。

運動部活動は、自己の能力・適性等に応じて生徒自らが運動種目を選び、さまざまな困難があっても挫けずにがんばっていくことのできる学びの場である。それに打ち込む生徒の姿は尊い。体育の授業よりも一段高いレベルに挑戦するわけであるから、困難に立ち向かいながら、自分の道を自分で切り開いていく。まさに運動有能感を高める格好の学びの場である。

以上のことから、児童生徒の発達の段階に応じた学習内容と指導法を工夫しながら、教科体育・保健体育を小学校から高等学校までの12年間一貫して、今後とも必修として位置づけていく必要がある。部活動についても学校教育活動として揺るぎのないものにしていく必要がある。単に、生徒の興味・関心だけで教科保健体育を選択履修にしたり、運動部の活動を地域スポーツに委ねたりしていくのは絶対避けなければならない。

注23 高田典衛(1977)『体育授業の方法』杏林書院
注24 国立教育政策研究所 2013(平成25)年3月
注25 髙橋健夫他(2010)『新版 体育科教育学入門』111頁、大修館書店

【おもな参考文献】

- 岸野雄三他(1973)『近代体育スポーツ年表』大修館書店
- (公財)日本武道館 (2015)『公益財団法人日本武道館五十年史』
- M・チクセントミハイ(1979)『楽しみの社会学』今村浩明訳, 思索社
- 本村清人(2004)『中学校保健体育科の指導と評価』暁教育図書
- 本村清人(2014)『小学校・中学校・高等学校 学校体育の指導と評価』 廣済堂あかつき
- 日本体育科教育学会(2011)『体育科教育学の現在』創文企画
- 坂野雄二他(2002)『セルフ・エフィカシーの臨床心理学』北大路書房
- 杉原 隆(2008)『新版 運動指導の心理学』大修館書店
- 杉山重利他(2001)『中学校体育の授業』大修館書店
- 高田典衛(1977)『体育授業の方法』杏林書院
- 高橋健夫他(2012)『基礎から学ぶスポーツリテラシー』大修館書店
- 高橋健夫他(2010)『新版 体育科教育学入門』大修館書店
- 丹下保夫(1961)『体育原理』(下)逍遙書院
- 友添秀則他(2015)「現代スポーツ評論32」創文企画
- 上田雅夫他(2000)『スポーツ心理学ハンドブック』実務教育出版
- ヨハン・ホイジンガ(1963)『ホモ・ルーデンス』高橋英夫訳, 中央公論社
- 東京女子体育大学・東京女子体育短期大学(2002)『藤村学園100年のあゆみ』
- 中央教育審議会第一次答申(1996)
- 中央教育審議会答申(2008)
- 中央教育審議会教育課程企画特別部会「論点整理」(2015)
- 学校教育法
- 学校教育法施行規則
- 学習指導要領(小学校, 中学校, 高等学校)
- 学習指導要領解説体育編・保健体育編(小学校, 中学校, 高等学校)
- 教育基本法(2006)改正
- 国立教育政策研究所組織規則
- 文部科学法令要覧 平成28年版(2016)
- 文部科学省ホームページ
- 文部科学省設置法(2015, 2001)
- 文部科学省組織令
- 文部科学省組織規則
- 文部科学省「2013(平成25)年度全国体力・運動能力, 運動習慣等調査」(2014)
- 文部省組織令
- スポーツ基本法 2011(平成23)年公布
- 地方教育行政の組織及び運営に関する法律

あとがき

最終原稿を読み返して自分なりに納得のいくものになったと感慨もひとしおである。ご尽力いただいた関係各位にまずもってお礼を申し上げたい。

私は平成27年3月末日をもって東京女子体育大学を定年退職した。巻末の著者紹介にも記してあるように、合わせて46年の教職および教育行政の仕事に携わることができた。この間、学校体育・スポーツの充実発展のために学習指導要領改訂をはじめその趣旨を生かした研究と教育に従事できたことは大変幸せなことであった。と同時に、この46年間で学んだことを何らかの形で残し、教育に携わる方々にとって今後の教育活動の参考に供することが私の責務ではないか、感謝の表し方ではないかと考えるに至った。それが本書を執筆する動機である。

執筆を開始するにあたり、私には出発点となる大きな課題があった。つまり、序章にも示したように、新たにスポーツ庁が発足するにあたり、教科体育・保健体育は、今後とも高校を卒業するまで必修教科として保証されるかという危機意識である。なぜそのような危機意識をもったか。「生きる力」としての「知・徳・体」を育むうえですばらしい授業実践がある一方で、基本的な技能すら身につけさせることのない放任的な授業や生活指導まがいの授業、運動部活動における体罰等、学校体育・スポーツをめぐるさまざまな問題が指摘されているからである。改めて、関係者の皆様に、学校体育・スポーツのもつ力をしっかりと認識し、少しでも問題が解決するように努力していただきたい。そのためには、どのような考え方で授業づくりをすればよいか、どのような改善・工夫ができるか。あるいは、なぜ体育が必要なのか、この原点とも言える問いかけについて、そして、学校教育活動としての運動部活動の価値と運営のあり方について、改めて考えていただきたい。そのような思いから、自分なりの考えをまとめたのである。

しかし、実際に執筆にとりかかってみると、思いのほか、執筆作業は難航した。論が広がりすぎて、何を主張したいのか、何を伝えようとしているのか曖昧になったのである。自分の思いを人様にお伝えすることの難しさ、論旨を明快にするために執筆内容を精選することの難しさを今回ほど痛感したことはない。

はたして私の思いを読者の皆様にお伝えすることができたかどうか。当初は、はなはだ心許ない状況であったが、大修館書店の粟谷修氏、傘下の錦栄書房の酒井志百里氏の真摯なご協力のお陰で、私の思いを、そして、学校体育・スポーツのもつ力をお伝えすることができたのではないかと考えている。また、第5章の運動部活動の内容に関しては、手束仁氏にもご協力をいただいた。関係諸氏に心からのお礼を申し上げたい。読者の皆様が、今後の教育活動のために何らかの示唆として受け止め、一歩前へ進めてくだされば望外の喜びである。

折も折、中教審初等中等教育分科会教育課程部会教育課程企画特別部会の「次期学習指導要領等に向けたこれまでの審議のまとめ」が、9月9日、文部科学省

ＨＰ上にアップされた。基本的な方向性は、本文で述べてきたことに変わりはないと言える。ここで重要なことは、育成すべき資質・能力として、①何を理解しているか、何ができるか（生きて働く「知識・技能」の習得）、②理解していること・できることをどう使うか（未知の状況にも対応できる「思考力・判断力・表現力等」の育成）、③どのように社会・世界と関わり、よりよい人生を送るか（学びを人生や社会に生かそうとする「学びに向かう力・人間性等」の涵養）の３つをあげていることである。これまでの実践的研究を踏まえ、新たな時代に向けてさらなる英知をともに傾けていきたい。

おわりに、これまで長い間、陰ながら支えてきてくれた妻、慧子に心から感謝の意を表したい。

平成28年９月

本村　清人

【おもに関わった委員会・協会等】

- 毎日新聞社主催・文部科学省後援「毎日カップ中学校体力つくりコンテスト」審査会 審査員（1999年4月～現在）
- 全日本柔道連盟　教育普及委員会（2002～2005年）
- 全日本柔道連盟　柔道ルネッサンス活動特別委員会委員（2004～2007年）
- 文部科学省　学習指導要領の改善等に関する調査研究協力者（保健体育）会議委員（2006年3月～2008年3月）
- （公財）日本中学校体育連盟理事（2007年4月～2015年5月）、同 参与（2015年5月～現在）
- 日本体育科教育学会監事（2007年4月～2011年3月）
- 日本武道学会副会長（2008年4月～現在）
- 文部科学省　体育活動中の事故防止に関する調査研究協力者会議主査（2011年7月～2012年3月）
- 文部科学省　学校体育実技指導資料第2集　柔道指導の手引（三訂版）作成協力者会議主査（2012年5月～2013年3月）
- 文部科学省　学校における体育活動中の事故防止のための映像資料座長（2014年）
- 文部科学省委託事業「武道等指導推進事業（武道等の指導成果の検証）」調査研究代表者（2014年）

【おもな著書】

- 子どもの心と体の健康を育む学校づくり（2015）ぎょうせい（共著）
- 小学校・中学校・高等学校 学校体育の指導と評価（2014）廣済堂あかつき（共監修）
- 体罰ゼロの学校づくり（2013）ぎょうせい（共編著）
- 基礎から学ぶスポーツリテラシー（2012）大修館書店（共著）
- 全面改訂　図解中学体育（2012）廣済堂あかつき（共著）
- これからの学習評価と新指導要録（2010）第一法規（共著）
- 保健体育科教育法（2009）大修館書店（共著）
- 高等学校学習指導要領 改訂のピンポイント解説 第3章保健体育（2009）明治図書（共著）
- 日本の武道（2007）公益財団法人日本武道館（共著）
- 新しい器械運動の授業づくり（2006）大修館書店（共編著）
- 新しい剣道の授業づくり（2004）大修館書店（共編著）
- 新しい柔道の授業づくり（2003）大修館書店（共編著）
- 中学校保健体育科の指導と評価（2004）廣済堂あかつき（共編著）
- 中学校保健体育科の授業モデル 全5巻（2003）明治図書（共編著）　他

著者紹介

本村清人（もとむら きよと）

1946年佐賀県生まれ。東京教育大学体育学部を卒業してからの経歴は下記のとおり。東京女子体育大学では保健体育科教育法を担当し，各種学校体育研究会の講演，指導・助言依頼を数多くこなす。研究機関と学校現場，教育行政と学校現場をつなぐ貴重な存在であり，わかりやすく，温かい語り口で現職教員を導く。参加者のやる気を奮起させると，好評を博している。

1970年　東京教育大学 体育学部 卒業
1970年　和歌山県立桐蔭高等学校 教諭
1974年　東京都立国立高等学校 教諭
1986年　東京都青梅市教育委員会 指導主事
1990年　東京都多摩教育事務所 指導課 指導主事
1992年　東京都教育庁 体育部体育健康指導課 指導主事
1995年　文部省 体育局体育課 教科調査官
1998年　文部省 体育局 体育官　体育局体育課 教科調査官（併任）
2001年1月　国立教育政策研究所 教育課程研究センター研究開発部 教育課程調査官
同　文部科学省 スポーツ・青少年局 体育官（併任）
同　文部科学省 スポーツ・青少年局企画・体育課 教科調査官（併任）
2001年4月　文部科学省 スポーツ・青少年局 体育官
2002年4月　東京女子体育大学 体育学部体育学科 教職 教授
2015年3月　同大学定年退職
2001年4月～2008年3月　同志社大学大学院 非常勤講師
2003年4月～2012年3月　筑波大学体育専門学群 非常勤講師
2006年4月～現在　早稲田大学教育学部 非常勤講師
2013年8月～現在　公益財団法人日本学校体育研究連合会 会長

「知・徳・体」を育む学校体育・スポーツの力

NDC375／vii, 199p／19cm

初版第１刷――――――2016年11月20日

著　者――――――――本村清人
発行者――――――――鈴木一行
発行所――――――――株式会社 大修館書店
〒113-8541 東京都文京区湯島2-1-1
電話03-3868-2651（販売部）　03-3868-2299（編集部）
振替00190-7-40504
［出版情報］http://www.taishukan.co.jp

装丁・本文デザイン――石山智博（TRUMPS.）
表紙カバーイラスト――落合恵子
組　版―――――――明昌堂
印　刷―――――――三松堂
製　本―――――――ブロケード

ISBN978-4-469-26807-2　Printed in Japan